Christophe Barbier

Les tyrannies de l'épidémie

Nos libertés sacrifiées

Fayard

Ce livre est édité
sous la direction d'Isabelle Saporta

ISBN : 978-2-213-71833-0
Dépôt légal : janvier 2021

À Alexandre, Aurore, Victoire et Valentin.
À Marie, Andréa et Antoine,
ainsi qu'à toute la jeunesse qui devra reconstruire.

« Soyez résolus de ne servir plus, et vous voilà libres. »

Étienne de La Boétie,
Discours de la servitude volontaire.

Introduction

« Ce monde qui se suicide sans s'en apercevoir »

« C'est donc ça, ma mort ?... »

« C'est donc ça, ma mort ?... » Les mots résonnent, lus à la radio par une voix funèbre. « C'est donc ça, ma mort ?... » Le 19 mars 2020, alors que la France s'installe à tâtons dans le confinement, entassant les paquets de pâtes ou de papier toilette, téléchargeant l'autorisation de sortie concoctée par Christophe Castaner et découvrant la convivialité en conserve des séances de Zoom ou de Teams, le témoignage glace le sang. « C'est donc ça, ma mort ?... » Une infirmière, à bout de nerfs, s'épanche sur les réseaux sociaux. La Covid-19, une maladie qui ne tue que quelques octogénaires affaiblis, des diabétiques ou des asthmatiques vulnérables, des obèses au métabolisme fragile ? Contre ces clichés, elle narre le décès d'un de ses patients, tragique, fulgurant et implacable : « Lundi après-midi, j'ai hospitalisé un monsieur de quarante-huit ans, sans antécédents médicaux. Il avait juste de la fièvre, il toussait et avait des maux de ventre. On lui passe le test. Il est positif. Je l'hospitalise d'urgence parce qu'il se plaint également de douleurs thoraciques. Il est à 100 % d'oxygène lundi. Ce matin, il est descendu brutalement à 20. Je l'ai passé en coma artificiel et sous respirateur. Ce monsieur pleurait avant de fermer les yeux. Pas parce qu'il avait peur, mais parce qu'il était seul. Interdiction pour sa femme et ses six enfants de venir le voir. Il m'a dit : "C'est donc ça, ma mort ? Seul à l'hôpital, sans mes enfants autour de moi et trois personnes à mon enterrement." Je lui ai promis de tout faire pour qu'il ouvre les yeux de nouveau. Il est décédé ce soir à 19 h 50. »

Livide et injuste, la mort par coronavirus prend ici son vrai visage, loin de la petite boule à picots ventousés que les microscopes et les écrans de télévision ont rendu familière. Mourir ainsi, c'est mourir comme un chien, anonyme et abandonné, entre une médecine débordée et une société confinée, entre le vain altruisme des blouses blanches et l'égoïsme poltron des citoyens. L'agonie de cet homme, c'est celle du pestiféré de 1348, jeté au bûcher, c'est celle de la victime du choléra de 1832, versée à la fosse commune, c'est celle du lépreux exilé dans sa géhenne. Cette disparition inhumaine éclaire soudain ce que la société du risque zéro est en train de faire : pour la première fois dans l'Histoire contemporaine, nous n'avons pas accompagné nos mourants vers la mort ni nos morts vers leur sépulture. Nous voici renvoyés au désarroi des temps obscurs, à la débandade moyenâgeuse face aux grands fléaux, quand le sacré est piétiné et la compassion oubliée.

Navrante, cette tragédie est emblématique, profondément, de l'épidémie de Covid-19. Et, d'abord, parce qu'elle est… fausse. Reprise par de nombreux médias audiovisuels, imprimée par quelques journaux, démultipliée par les réseaux sociaux, l'anecdote ne résiste pas à la contre-enquête la plus élémentaire. L'hôpital du Sud-Ouest où elle est censée s'être passée n'a enregistré ces jours-là qu'un seul décès par infection au coronavirus, celui d'un homme de quatre-vingt-quatre ans… L'Agence régionale de santé oppose un démenti formel aux faits allégués. Le secret médical fait le reste et toute identification précise devient impossible. Tandis que son récit poignant est retiré de Twitter, l'infirmière affirme que le décès de son patient a été attribué à une autre pathologie dont il était aussi victime, puis elle se fait oublier.

« C'est donc ça, ma mort ? » Que ce père de famille nombreuse ait existé ou non, qu'il soit mort de la Covid-19 ou que le virus ait seulement accéléré une mort déjà promise, qu'importe, au fond ? La possibilité d'une affabulation, au cœur d'une épidémie dont se repaissent le *buzz* et le complotisme contagieux des réseaux sociaux, n'est pas une surprise, plutôt le symptôme d'une époque malade de bien d'autres virus collectifs. La réaction de l'administration est tout aussi éloquente : prompte à classifier les décès en milieu hospitalier, elle est incapable de tenir des statistiques fiables de contamination, de mesurer la situation dans les Ehpad ou de dresser un profil quantifié des malades, une typologie, pour mieux protéger les populations à risque ; comme elle a été inapte à entretenir un stock de masques conséquent et à percevoir son érosion ; comme elle est impuissante à bâtir et à appliquer une politique de tests efficace pour endiguer l'épidémie ; comme elle est incompétente pour associer le public et le privé, pour unir toutes les forces médicales du pays. Pas de papier pour confectionner des masques, mais de la paperasse pour fabriquer des œillères : telle est la bureaucratie française.

Que nous est-il arrivé ?

Que nous est-il arrivé ? À nous, humains, le retour violent d'une pandémie dont le progrès technique devait nous protéger, mais qui ne nous surprend que parce que nous sommes amnésiques : la grippe de Hong Kong en 1969, la grippe de Singapour en 1958, la grippe espagnole en 1918, le typhus, le choléra, la peste… Les épidémies n'ont jamais cessé, mais nous les avions oubliées – ou plutôt refoulées. Les virus ont toujours tué des hommes, mais nous ne l'acceptons plus. Plus précisément, c'est notre impuissance face aux virus que nous n'acceptons plus. Que des humains, à la marge, meurent d'une épidémie que nous savons prévenir ou juguler, dont ne périssent que quelques malchanceux, chacun s'y résigne et s'en indiffère, au nom de la fatalité. Mais que l'imprévu nous submerge et que l'inconnu nous domine, voilà ce que nous refusons. Pas question de ne pouvoir rien faire : toutes les réactions, celles des gouvernements comme celles des individus, viennent de cette impuissance, mère de la peur. La peste de 1348 tue un Européen sur trois ; celle de 1720, près d'un Marseillais sur deux ; la grippe espagnole de 1918 cause 50 millions de décès à travers le monde ; le sida fait encore 700 000 victimes chaque année et 40 millions d'humains en ont déjà péri. Le coronavirus ne montera donc pas sur le podium des microbes les plus meurtriers de l'Histoire. C'est un tueur de troisième catégorie qui nous terrorise depuis des mois, un tueur vite traqué par tous les laboratoires du monde.

Si le coronavirus a pris une telle importance, c'est donc, d'abord, parce que nous avons constaté notre impuissance face à cette bestiole, et que nous avons paniqué. La vraie victoire du virus est là : il nous a humiliés, enfants du progrès invincible, et nous a inoculé un autre microbe, celui de la peur. Cette peur est-elle justifiée ? Oui, si l'on s'attache aux récits navrants des agonies terribles et des destins brisés ; non, si l'on mesure l'impact létal du coronavirus à l'aune des pandémies de l'Histoire. Trop tard, la peur est là, et c'est elle qui prend les décisions. La peur tient la main du politique qui signe les décrets de confinement, la peur ferme la porte du citoyen qui tremble d'être contaminé, la peur guide le salarié qui doit travailler pour gagner sa vie, mais peut y gagner sa mort. Dans *L'État de siège*[1], une pièce créée sans succès en octobre 1948, Albert Camus fait dire à son personnage principal, La Peste, qui s'est emparé de Cadix, en Espagne, et y règne en dictateur : « J'aime le bruit qu'on fait autour de mon nom et je sais maintenant que vous ne m'oublierez pas. » Nous n'oublierons pas le coronavirus. En tout cas, pas de sitôt. Puis la poussière de l'amnésie reviendra sans doute se poser sur les archives de l'année 2020, avant qu'une génération future, dans quelques décennies ou quelques siècles, ne se laisse surprendre à son tour par un bacille, et n'ouvre nos grimoires. Quelle stupéfaction sera la sienne, alors, en constatant nos terreurs exagérées et nos replis égoïstes !

Que nous est-il arrivé ? À nous, Français, l'ébranlement rapide, le reniement spontané de nos valeurs cardinales, le consensus immédiat pour abandonner, face au virus, des privilèges que nous aurions défendus les armes à la main face à un oppresseur étranger ou un tyran national. La liberté ? Celle de circuler est sacrifiée, celle de manifester est abolie et, plus grave, celle de penser est amputée : l'opprobre tombe sur celui qui ose minimiser le fléau, ou contester l'hypothèque placée sur l'avenir, et surtout sur le bonheur de la génération à venir, au nom du sauvetage à tout prix de quelques centaines de milliers de vies, pour la plupart bien avancées… Un tel

1. Gallimard, 1948.

libre-penseur est lapidé avec ces cailloux modernes que sont les tweets et autres détritus des réseaux sociaux.

L'égalité ? À grand renfort d'argent public et d'endettement illimité, elle semble préservée, célébrée même : l'immense parapluie du chômage partiel se déploie sur la tête des travailleurs, l'État garantit les prêts et assure les pertes. Mais l'on voit vite que le cadre supérieur parisien, confiné dans sa villégiature avec jardin du Perche ou du Berry, n'est pas l'égal de l'employé enfermé avec ses enfants dans son trois-pièces de Plaisir ou de Grigny. Ou que le *geek*, avec son *laptop* connecté au *wifi*, n'est pas l'égal de l'artisan installé en zone blanche. Tout comme l'on voit, mais moins vite, que le retraité protégé du virus par ce confinement catastrophique n'est pas l'égal du jeune de seize ans qui voit ses études s'enliser, ses futurs emplois s'envoler et son avenir s'assombrir.

La fraternité ? Sous le bruit confortable des applaudissements quotidiens (disparus, d'ailleurs, lors du deuxième confinement), elle commence avec une ruée avide sur les supermarchés, se poursuit avec l'interdiction de rendre visite aux malades ou aux occupants des Ehpad, et s'achève par un été de déconfinement sans frein, où l'on s'empresse de faire la fête, d'organiser des *rave parties* ou des soirées privées. L'État, si maternel pour acheter à crédit la paix sociale, n'a pas été fraternel. Et le citoyen, certes prêt à toutes les gratitudes gratuites, ne l'a pas plus été, rongé d'un côté par l'égoïsme et le sauve-qui-peut, gangrené de l'autre par la servilité et la soumission à toutes les consignes officielles. Le confinement a ceci d'évident : il brise la liberté ; il a ceci de pervers : il creuse les inégalités ; il a ceci d'invisible : il étouffe la fraternité.

« Nous sommes en guerre »

Dès le 16 mars 2020, Emmanuel Macron donne le ton, mais ne dit pas la vérité. Ce soir-là, il s'adresse à plus de 35 millions de téléspectateurs ; la finale de la Coupe du monde de football remportée par la France, en juillet 2018, n'avait intéressé « que » 26 millions de Français ; et celle de 1998, face au Brésil, « à peine » 20 millions. Autant dire que le président de la République a été écouté par tous les citoyens en âge et en état de comprendre ce qui se dit à la télévision… C'est la première victoire du pouvoir : réunir, à défaut de rassembler. Tout le monde se sent concerné, parce que tout le monde a peur d'attraper le virus, et d'en mourir… Le 23 octobre, soit sept mois et une semaine après cette allocution présidentielle, la France franchit officiellement le cap du million d'habitants ayant contracté la Covid-19. Trente-cinq millions, contre un million… Après 29 semaines, 2,8 % des téléspectateurs ont donc été malades : pour que l'ensemble de l'audimat du 16 mars soit touché, il faudrait, à ce rythme, 1 015 semaines, soit près de vingt ans. De mars à octobre, 35 000 personnes sont mortes, soit un téléspectateur sur mille, 0,1 %… Pendant la Première

Guerre mondiale, la France a mobilisé au total 8 millions d'hommes, et 1,4 million ne sont jamais revenus, soit un taux de mortalité de 17,5 %. Le coronavirus est nettement moins efficace que la mitrailleuse allemande…

Et pourtant, ce 16 mars au soir, à six reprises, les Français entendent la même phrase, antienne du saisissement général et de l'émotion incandescente : « Nous sommes en guerre. » Ce n'est plus une métaphore, c'est une anaphore. Évoquant le « Moi, président ! » de François Hollande, lors du débat d'entre deux tours face à Nicolas Sarkozy, en 2012, ce « Nous sommes en guerre » doit devenir le mantra d'Emmanuel Macron, sanglé dans un uniforme antiviral invisible, mine grave comme les événements, et verbe martial, comme s'il s'agissait de jouer un « 18 juin » sanitaire. « Nous sommes en guerre », ce peut être, à la limite, le slogan du soutien aux personnels soignants : eux, en effet, risquent leur vie à approcher les malades et ce virus inconnu, à gérer les réanimations débordées et les pénuries diverses. Le président s'adresse d'ailleurs à eux, en filant la métaphore du pays mobilisé derrière ses « poilus », l'arrière prenant soin du front : « La Nation soutiendra ses enfants qui, personnels soignants en ville, à l'hôpital, se trouvent en première ligne dans un combat qui va leur demander énergie, détermination, solidarité. Ils ont des droits sur nous. » La blouse blanche remplace le pantalon garance, car ces combattants montent à l'assaut bien mal équipés, comme les pioupious de 1914. Frôlant même l'incongruité du maréchal Edmond Le Bœuf, qui assurait en 1870, juste avant une cinglante défaite face aux Prussiens, qu'« il ne manquerait pas un bouton de guêtre à nos soldats », Emmanuel Macron promet : « Nous leur devons des masques, du gel, tout le matériel nécessaire, et nous y veillons et veillerons. » Ce qui n'empêchera pas quelques hôpitaux de devoir bricoler des blouses de protection en découpant des sacs poubelle. Mais peut-être est-ce à cela qu'on reconnaît une guerre, surtout quand on est incapable de la gagner : l'intendance ne suit jamais.

« Nous sommes en guerre, en guerre sanitaire, certes : nous ne luttons ni contre une armée, ni contre une autre nation. Mais l'ennemi est là, invisible, insaisissable, qui progresse. Et cela requiert notre mobilisation générale. » Rien n'est pertinent dans cette phrase, et la métaphore belliciste fournit un bel emballage à une série de truismes, d'aveux d'impuissance et de contre-vérités. D'abord, le virus n'est pas un ennemi, c'est un danger. Il ne nous a pas déclaré la guerre, il n'a rien contre les Français, pas plus contre le genre humain, il ne demande qu'à vivre sa vie de virus, indifférent à ce qu'elle se déroule dans le ventre d'un pangolin, la cervelle d'une chauve-souris, le museau d'un vison danois[1]

1. En novembre 2020, le Danemark, gros éleveur de visons, décide d'exterminer l'intégralité de son cheptel, soit 17 millions d'animaux, car l'animal est soupçonné d'héberger une variante

ou le poumon d'un octogénaire chinois. Le virus ne nous a pas plus déclaré la guerre que ne le font les tornades ou les incendies. Il est aussi abusif de prétendre que la Covid est une guerre que d'affirmer qu'il s'agit là d'une vengeance de la nature. Cet effet de rhétorique est un anthropomorphisme de propagande.

Jacques Attali, au contraire, rapproche le phénomène épidémique de l'engrenage belliciste, dans *L'Économie de la vie*[1] : « Quand a commencé cette pandémie, comme quand commence une guerre, le monde a basculé en quelques heures ; comme au début d'une guerre, personne, ou presque, dans presque aucun pays, n'avait de vraie stratégie. Comme en août 1914 et en septembre 1939, on a d'abord pensé que cela ne durerait que quelques mois. Comme pendant une guerre, les libertés fondamentales sont et seront malmenées ; bien des gens sont morts et mourront ; bien des chefs seront balayés. »

Quand bien même il s'agirait d'une guerre d'un nouveau type, comme celles que mènent les héros de science-fiction contre des extraterrestres surgissant de nulle part, c'est une étrange tactique que déploie le généralissime Macron. « Cela requiert notre mobilisation générale », décrète-t-il, tandis que son gouvernement

---

du Sars-Cov2, ce qui pourrait compromettre, en cas de passage à l'homme, le succès d'une campagne de vaccination.

1. Fayard, 2020.

nous impose de... nous cacher ! Le 17 mars 2020, Christophe Castaner, ministre de l'Intérieur, est martial : « La règle générale est claire, simple : restez chez vous. » Il ne dit pas « rester chez soi », mais « restez chez vous ». L'impératif l'emporte sur l'infinitif, il s'agit d'un ordre et non d'un mot d'ordre. Curieuse mobilisation que l'assignation à résidence ! La levée en masse consiste à mettre sur pied une armée de planqués ! On ne demande pas aux citoyens les plus solides de se présenter à l'hôpital pour donner un coup de main, pas même de mettre les bouchées doubles au travail pour que les plus fragiles puissent rester à l'abri, pas plus de faire les courses des plus âgés pour qu'ils se terrent aisément. Le maximum de la guerre déclenchée par le pouvoir, c'est la défense passive, le « tous aux abris » qui transforme chaque porte d'immeuble en ligne Maginot du pauvre. Face au virus, le gouvernement ne nous demande certes pas de capituler, mais de nous calfeutrer. On a connu des guerres plus glorieuses, et des offensives plus courageuses... Où sont donc passés d'Artagnan et ses mousquetaires, que sont devenus Cyrano et son panache ?

Le « nous en sommes en guerre » présidentiel a une autre fonction, qui n'est ni militaire ni médicale : il s'agit de dramatiser par un registre lexical guerrier afin d'assurer la sidération du peuple. C'est, si l'on ose dire, de bonne guerre, puisque la discipline, qui est « la force principale des armées » selon le sempiternel livret militaire, est aussi la garantie de l'ordre. Comme il est impossible de mettre un policier derrière chaque Français, il faut que chaque Français intègre l'esprit policier, se fasse lui-même la police. Il faut reconnaître que la réussite est exemplaire. À l'exception de quelques zones urbaines rétives à toute consigne et promptes à n'importe quelle transgression, le territoire français se vide avec zèle et obéissance. C'est une véritable « opération ville morte »... même dans les campagnes où l'on ne verra pas un seul contaminé avant l'été, même dans les zones éloignées du front sanitaire. Les Français n'obéissent pas parce que les morts s'accumulent devant leur porte, ils obéissent parce qu'ils obéissent. Peur du virus, même quand il est loin ? Peur du gendarme, même quand il n'est pas là ? Sans doute, mais aussi soumission spontanée, servitude volontaire. Ont disparu en une minute les « Gaulois réfractaires », capables de défier l'autorité pour défendre quelque droit acquis, quelque privilège social, quelque confort ; il ne reste soudain que les Gaulois poltrons, ceux qui craignent que le ciel ne leur tombe sur la tête, ou qu'un masque à oxygène ne leur tombe sur le nez...

« Le trouble de penser et la peine de vivre »

Bien sûr, il ne s'agit de tracer aucune caricature. Nul n'a été arrêté arbitrairement, séquestré ou torturé durant cette période. L'évidence du risque, l'omniprésence de la maladie et l'horreur des agonies racontées expliquent la résignation, consensuelle, au confinement et au couvre-feu, au port du masque et aux attestations diverses. Sans certitude sur l'efficacité réelle de ces mesures, mais dans la conviction que, sans elles, la situation serait pire, les citoyens ont « joué le jeu ». Sauf que ce n'est pas un jeu. L'abolition ou l'attrition des libertés, même provisoire, n'est jamais à prendre à la légère. Le pouvoir restitue rarement les territoires qu'il a conquis : d'abord, parce qu'il s'y complaît ; ensuite, parce qu'il considère que le pays marche mieux ainsi, ce qui est souvent vrai ; enfin, parce que nombre de citoyens supplient l'État de poursuivre en cette voie. C'est ce qu'Alexis de Tocqueville a merveilleusement résumé dans le célèbre passage de *De la démocratie en Amérique*, consacré à la relation entre le pouvoir et ses administrés : « Il travaille volontiers à leur bonheur, mais il veut en être l'unique agent et le seul arbitre ; il pourvoit à leur sécurité, prévoit et assure leurs besoins, facilite leurs plaisirs, conduit leurs principales affaires, dirige leur industrie, règle leurs successions, divise leurs héritages ; que ne peut-il leur ôter entièrement le trouble de penser et la peine de vivre ? » Le confinement, c'est l'aboutissement de ce rêve étatique : pour une excellente raison – notre santé –, nous « ôter entièrement le trouble de penser et la peine de vivre »...

Curieuse métamorphose que celle d'Emmanuel le libéral en Macron l'étatiste – le soutien à l'économie à grand renfort d'argent public étant le pendant de l'interventionnisme sanitaire. C'est un peu comme si Tocqueville s'était mué en Richelieu... Dans son livre de campagne présidentielle, *Révolution*, publié en novembre 2016[1], le candidat Macron inscrit : « Le rôle premier de l'État, c'est de protéger la liberté de chacun face à la peur. » Le 14 octobre 2020, s'adressant aux Français pour annoncer le couvre-feu, le président avoue, sans le regretter plus avant : « On s'était progressivement habitué à être une société d'individus libres. Nous sommes une nation de citoyens solidaires. » Solidaires, mais soumis. Soumis parce que solidaires. C'est d'ailleurs le drame politique de cette épidémie : la solidarité passe par la soumission, chacun doit abjurer la liberté pour que tous soient protégés. L'indépendance et l'esprit frondeur apparaissent comme des égoïsmes irresponsables ; au pis comme une mise en danger de la vie d'autrui, au mieux comme une inconséquence gamine. Comme l'écrit Jean-Philippe Vincent, maître de conférences à Sciences Po : « L'excroissance du pouvoir a pour contrepartie l'infantilisation des Français. Ces derniers sont regardés et se considèrent comme des majeurs irresponsables. Chaque jour de ce confinement qui n'en finit pas, ils attendent les ordres du pouvoir, qu'il s'agisse de membres du gouvernement ou de hauts fonctionnaires qualifiés. Certes, il arrive que les individus critiquent tel ou tel aspect de la gestion de la crise de la Covid-19 par le pouvoir [...] mais ces critiques sont en définitive superficielles. Ce que beaucoup reprochent au pouvoir, c'est de ne pas pourvoir avec une absolue certitude et une non moins grande efficacité à toutes les vicissitudes de la crise actuelle. On voudrait que le

1. Éditions XO.

pouvoir fût à la fois magique et infaillible. Pour beaucoup de Français devenus des *addicts*, le pouvoir est désormais une drogue à consommer sans modération. Nous sommes arrivés au temps de l'"État-nounou". Inutile de dire que, dans une telle configuration, le souci des libertés individuelles est allégrement sacrifié[1]. »

L'un ne va pas sans l'autre : l'appétence du pouvoir à tout décider, à tout encadrer, entre en résonance avec l'exigence du peuple d'être dirigé, d'être abreuvé en solutions efficaces et immédiates. Certes, le premier a le devoir de réussir et le second, le devoir d'obéir, un échange d'obligations censé maintenir l'équilibre qui prévaut à la servitude volontaire. Si nous concédons au gouvernant l'usage de nos existences et la mainmise sur nos libertés, nous voulons nous y retrouver ! C'est pourquoi, à l'automne 2020, les échecs successifs du tester-tracer-isoler, des mesures barrières, puis du couvre-feu à 21 heures agacent la population, qui n'a pas son dû d'efficacité tout en payant par un nouveau confinement l'incurie gouvernementale. La servitude volontaire ne doit pas être une arnaque, mais un véritable contrat social. Le pouvoir n'a pas rempli sa part du pacte. « Devant cette calamité inattendue, les peuples sont pantois et les gouvernements impuissants[2] », écrit la philosophe Chantal Delsol. Pantois et découragés, mais aussi énervés ; impuissants et incohérents, mais aussi contestés.

1. *Le Figaro* du 8 mai 2020.
2. *Le Figaro* du 24 octobre 2020.

De la surprise à l'habitude

La sidération du peuple est réelle face à l'épidémie, elle est renfrognée face aux confinements. Elle est grave et disciplinée en mars, elle est lasse et rageuse en octobre. Eugène Ionesco décrit, dans *Rhinocéros*[1], en 1960, comment la stupéfaction est le début de la résignation, et comment la résignation est la garantie de la défaite : « Si cela s'était passé ailleurs, dans un autre pays, et qu'on eût appris cela par les journaux, on pourrait discuter paisiblement de la chose, étudier la question sur toutes ses faces, en tirer objectivement des conclusions. On organiserait des débats académiques, on ferait venir des savants, des écrivains, des hommes de loi, des femmes savantes, des artistes. Des hommes de la rue aussi, ce serait intéressant, passionnant, instructif. Mais quand vous êtes pris vous-même dans l'événement, quand vous êtes mis tout à coup devant la réalité brutale des faits, on ne peut pas ne pas se sentir concerné directement, on est trop violemment surpris pour garder tout son sang-froid. Moi, je suis surpris, je suis surpris, je suis surpris ! Je n'en reviens pas. »

Ne soyons pas dupes de nous-mêmes. La mécanique de la servitude volontaire requiert notre complicité, même tacite ; c'est un cadenas dont le pouvoir manie la clef, mais dont nous fournissons la serrure. La surprise,

1. Gallimard, 1959 ; Folio, 2017.

la sidération ne peuvent nous exonérer de notre responsabilité, non seulement dans l'acte de renoncement à nos libertés intégrales, mais aussi et surtout dans la complaisance à trouver un certain confort à cette situation. Une liberté amoindrie, c'est aussi une responsabilité diminuée ; le libre arbitre est une exigence, il nous oblige à assumer nos choix, et les conséquences de nos actes. Qu'elles sont douces, les chaînes de la tyrannie, quand elles nous dédouanent de ce qui arrive ! Et qu'ils sont mouvants, les sables de la servitude, où l'on s'enfonce même si l'on ne bouge pas. L'habitude de ne pas être libre est le pire ennemi de la liberté, comme le dénonçait Étienne de La Boétie dans son *Discours de la servitude volontaire*, en 1576 : « La nature de l'homme est d'être libre et de vouloir l'être, mais il prend facilement un autre pli lorsque l'éducation le lui donne. [...] Ainsi la première raison de la servitude volontaire, c'est l'habitude. »

Ne nous sommes-nous pas habitués – un peu vite, un peu trop... – aux petits renoncements du confinement, de la distanciation, du couvre-feu ? Encadrer nos déplacements, quantifier notre vie sociale, limiter le temps et l'espace autour de nos jours, n'est-ce pas nous fournir une programmation très pratique, un vade-mecum confortable pour l'existence quotidienne ? À travers l'angoissante jungle de la Covid-19, le pouvoir nous impose un voyage très organisé. La meilleure façon, une fois de plus, de nous « ôter entièrement le trouble de penser et la peine de vivre » ? Parce que

« penser » est compliqué et que « vivre » est périlleux, se délester de ces deux fardeaux, de ces deux boulets attachés aux pieds de la condition humaine, et les confier à l'État, aux médecins, aux médias, quel soulagement! Toute contrainte est une gêne et une facilité; au fil des semaines, la gêne est de moins en moins pénible, la facilité est de plus en plus agréable... Quatre cents ans après la naissance de Jean de La Fontaine, nous voici revenus à sa fable *Le Loup et le Chien*...

Les kamikazes de salon

Néanmoins, la rébellion pour la rébellion, la désobéissance butée, mettant en péril la vie d'autrui bien plus que la sienne propre, n'est pas une attitude acceptable si l'on veut rester fidèle à l'humanisme basique et respecter le pacte social. Il est d'un bon citoyen de suivre avec zèle et discipline les ordres de confinement, les consignes de déconfinement, le port du masque par ici, la distanciation par là. Le snobisme du franc-tireur, l'esthétique de l'insoumis ne résistent pas à l'argumentaire altruiste. Considérer que l'humain véritable doit être rebelle au troupeau, courir son risque et en faire courir aux autres, vivre quoi qu'il en coûte, relève d'un insupportable égoïsme, qui revient à faire payer aux plus fragiles le prix de sa jouissance libertaire. Ceux qui ont proposé cette philosophie ont vu leur raisonnement se casser le nez sur l'évidence médicale et la morale d'aujourd'hui, heureusement philanthropique. C'est une position intenable parce qu'obsolète : Nicolas

Bedos n'est pas et ne peut pas être Oscar Wilde, son appel à l'incivisme l'affiche en dandy de réseau social, en kamikaze de salon. Refuser la règle commune, braver le confinement ou le couvre-feu, ou encore s'affranchir du port obligatoire du masque ? Cette résistance anti-hygiénisme n'est acceptable que si elle s'accompagne d'un autre comportement : le retrait du monde, le choix du cénobite, le courage de l'ermitage. Pour avoir le droit de ne pas faire comme les autres, de ne pas obéir, il faut être Alceste et se « tirer du commerce des hommes » afin de « chercher sur la terre, un endroit écarté, / Où d'être homme d'honneur, on ait la liberté ». Car le confinement et autres restrictions ne sont pas seulement la règle commune, ils sont la règle *consensuelle*, recevant l'assentiment de la grande majorité des citoyens. C'est presque l'unanimité, puisque la plupart de ceux qui déplorent ces mesures se comptent aux rangs de ceux qui les appliquent, puisque désapprobation et obéissance ne sont pas incompatibles…

Tyrannie insupportable et insoumission immorale : le dilemme cornélien du citoyen moderne, au temps du coronavirus, n'est pas une mince affaire… Emmanuel Macron, en philosophe sagace ou en tyranneau subtil, résume d'une phrase cette équation insoluble, lors de son allocution télévisée du 16 mars 2020, donnant une nouvelle jeunesse au concept de « servitude volontaire » : « La meilleure règle, c'est celle qu'en tant que citoyen, vous vous appliquez à vous-même. Une fois encore, j'en appelle à votre sens des responsabilités et de la solidarité. » Tout est dit : le véritable auteur des règlements, ordonnances et autres décrets, c'est le citoyen. C'est le citoyen qui s'empêche de visiter un malade, d'accompagner un défunt au cimetière ou de circuler à sa guise. C'est le citoyen qui s'impose de signer une attestation sur l'honneur au moindre déplacement – d'ailleurs, nul ne la lui délivre, il la télécharge. Aucun ostracisme, l'État n'éloigne personne, c'est le citoyen qui garde ses distances avec le citoyen. La « distanciation » est à la servitude volontaire ce que le bannissement est à la dictature.

Et pourtant, Emmanuel Macron a raison : si chacun devient son propre flic, par maturité civique, c'est une coercition parfaitement démocratique qui se construit. L'obéissance de tous, fondée sur la bonne volonté de chacun, s'érige comme un référendum permanent validant les actes protecteurs et liberticides du gouvernement. Nos libertés ne sont détruites ou piétinées par personne : elles sont sacrifiées, c'est-à-dire garrottées par nous-mêmes. Aucun prêtre n'a exigé ce sacrifice pour calmer on ne sait quel dieu à la foudre microbienne. Nous sacrifions nos libertés à notre santé, nous sommes à la fois le dieu, le sacrificateur et la victime.

Des moutons et des hommes

Où est la frontière entre la solidarité et la soumission, entre le civisme et le panurgisme ? Entre le destin d'un humain au milieu des siens et celui d'un mouton dans le troupeau ? Il n'y a peut-être pas de réponse possible à cette question, car ses frontières sont brumeuses, elles sont un marécage où pataugent les consciences et où se noient les incantations. Il n'y a pas de réponse, mais ces questions viennent de loin, elles résonnent dans les mémoires, et c'est le théâtre qui en parle le mieux. Depuis *Œdipe tyran*, écrit par Sophocle en 425 avant notre ère, l'épidémie est un sujet majeur pour les dramaturges, qui étudient notamment comment le pouvoir « profite » des épidémies pour s'étendre et s'affirmer. Dans son texte le plus célèbre, *Le Théâtre et la Peste*, inclus dans *Le Théâtre et son double*[1], Antonin Artaud explique par leur gémellité cet intérêt du théâtre pour l'épidémie. Comme le *loimos* – la peste, en grec –, le théâtre met à nu la nature humaine et provoque une épreuve de vérité : « Il semble que, par la peste et collectivement, un gigantesque abcès, tant moral que social, se vide ; et, de même que la peste, le théâtre est fait pour vider collectivement des abcès. [...] Du point de vue humain, l'action du théâtre, comme celle de la peste, est bienfaisante, car, poussant les hommes à se voir tels qu'ils sont, elle fait tomber le masque, elle découvre le mensonge, la veulerie, la bassesse, la tartuferie ; et révélant à des collectivités leur puissance sombre, leur force cachée, elle les invite à prendre en face du destin une attitude héroïque et supérieure qu'elles n'auraient jamais eue sans cela. »

À la lueur du théâtre et à l'occasion de cette épidémie, anecdotique et bénigne à l'aune de l'Histoire,

1. Gallimard, 1938.

inédite et terrible à l'échelle de notre vie humaine, regardons en face « le mensonge, la veulerie, la bassesse, la tartuferie », apprenons à nous regarder sans masques sous nos masques, tels que nous sommes, trouillards et solidaires, humanistes et poltrons.

L'enjeu est d'importance, car c'est notre civilisation qui est en question, une civilisation où nous pourrions demain, après le règne de ce virus couronné, être guéris et morts à la fois, guéris dans nos corps et morts dans nos âmes, vaccinés et lobotomisés. Artaud, visionnaire, ajoute : « La question qui se pose maintenant est de savoir si, dans ce monde qui glisse, qui se suicide sans s'en apercevoir, il se trouvera un noyau d'hommes capables d'imposer cette notion supérieure du théâtre, qui nous rendra à tous l'équivalent naturel et magique des dogmes auxquels nous ne croyons plus. »

Avec l'épidémie actuelle, ce n'est plus sauver le théâtre dont il est question, mais sauver notre vision de l'être humain, libre et courageux, debout, prêt à mourir pour ce qui dépasse son existence. Il faut s'arracher à ce terrible destin : le « suicide sans s'en apercevoir ». Cela exige de défier en pleine responsabilité toutes les tyrannies de l'épidémie : la tyrannie pâle du pouvoir, la tyrannie noire des statistiques, la tyrannie brune des populistes, la tyrannie blanche des médecins, la tyrannie grise des *baby-boomers*, la tyrannie bleue de la trouille et la tyrannie dorée de la vie. Terrible arc-en-ciel des périls dressés devant nos libertés.

Chapitre 1

La tyrannie pâle du pouvoir

« La démesure enfante le tyran »

Dans *L'État de siège*, Albert Camus résume, en 1948, le projet de ce tyran qui se nomme « La Peste » : « L'idéal, c'est d'obtenir une majorité d'esclaves à l'aide d'une minorité de morts bien choisis. » En rien on ne peut accuser le pouvoir d'aujourd'hui d'avoir ainsi instrumentalisé la cohorte des décès pour imposer une autocratie. Au contraire, c'est un bien pâle tyran, désormais, que le politique, contraint d'obtenir l'assentiment de son peuple, par sondages interposés, pour lui imposer des règles nouvelles et rogner ses libertés. Un pouvoir obligé de ruser afin de convaincre que c'est dans l'intérêt général, pour le bien de tous, qu'il doit nous compliquer la vie. Dans *Œdipe tyran*, Sophocle l'énonce en creux, quand la foule des Thébains vient demander à son roi de la débarrasser de la peste. C'est le personnage du Sacrificateur (tiens donc…) qui est chargé de la démarche, emplie d'ambiguïtés, puisqu'il s'agit de remettre en question la légitimité du monarque tout en lui laissant toute latitude pour agir. Il peut mettre en pratique un pouvoir absolu, mais il risque de tout perdre s'il échoue.

LE SACRIFICATEUR

> Or, maintenant, Œdipe, le plus puissant des hommes, nous sommes venus vers toi en suppliants, afin que tu trouves quelque remède pour nous. Allons, ô le meilleur des hommes, remets cette ville en son ancienne gloire, et prends souci de la tienne ! Déjà, par une heureuse destinée, tu nous as rétablis. Sois aujourd'hui égal à toi-même. Car, si tu commandes encore sur cette terre, mieux vaut qu'elle soit pleine d'hommes que déserte.

Le message est clair : tout comme il a débarrassé Thèbes de la Sphinge, Œdipe doit éradiquer la peste qui ravage la ville – il en va de sa légitimité. La réponse d'Œdipe ne manque pas d'insolence ni de modernité, tant il veut se placer en victime, plus à plaindre encore que ses ouailles :

ŒDIPE

> Ô lamentables enfants ! Je sais, je n'ignore pas ce que vous venez implorer. Je sais de quel mal vous souffrez tous. Mais, quelles que soient les douleurs qui vous affligent, elles ne valent pas les miennes ; car chacun de vous souffre pour soi, sans éprouver

> le mal d'autrui, et moi, je gémis à la fois sur la ville, sur vous et sur moi.[1]

Mais le sens de cette jérémiade est ailleurs : c'est parce qu'il prend sur lui les douleurs de son peuple que le tyran est fondé à agir, et qu'il ne pourra donc lui être reproché aucune des mesures coercitives qu'il va prendre. Parce qu'il est le corps social dans son entier, souffrant pour les autres, il est légitime à donner des ordres. Si le titre usuel de la tragédie de Sophocle fut longtemps *Œdipe roi*, la traduction littérale, *Œdipe tyran*, s'est imposée. Mais être un tyran, en Grèce antique, ne signifie pas qu'on règne en brute despotique après un coup d'État. Le tyran est le roi choisi par le peuple, à la différence du roi dynastique, héréditaire, le *basileus*. Or Emmanuel Macron porte en lui l'ambivalence du tyran à la mode grecque. D'un côté, il est largement élu, en 2017, à la suite d'un mouvement populaire inédit dans l'histoire de la République ; de l'autre, il est assez vite détesté pour sa suffisance, sa façon de regarder les gens de trop haut. « La démesure enfante le tyran », clame Sophocle dans *Œdipe tyran*, pour dénoncer *l'hubris* de feu Périclès. L'impopularité de Macron, c'est le peuple déjugeant le peuple. En lui reprochant l'échec du pouvoir face à l'épidémie de coronavirus, le peuple s'absout lui-même : son tyran a fauté, il est donc légitime de le détester. Il n'y a pas là de contradiction, puisque le peuple ne saurait se renier – il ne peut que se corriger.

---

1. Traduction de Charles Leconte de Lisle, Éditions A. Lamerre, 1877.

Au sein même du pouvoir, les pouvoirs changent de mains, et il y a de la révolution de palais dans la gestion de la lutte anti-Covid-19. Le Parlement, aux activités déjà disloquées par les contraintes du confinement (séances plénières tenues à quelques-uns, débats en commissions réduits et organisés en « distanciel », contrôle du gouvernement ramené à sa plus simple expression, ordre du jour allégé...), devient une sorte de chambre d'enregistrement quand l'état d'urgence sanitaire confère à l'exécutif une prérogative d'action presque infinie, à grand renfort d'ordonnances. Comme il l'a fait lors des phases de menace terroriste, le Parlement se dessaisit d'une partie de ses pouvoirs, au nom de l'efficacité. La présidentialisation du régime en est accrue, comme si l'on déclenchait une sorte d'article 16 sanitaire, que la Constitution n'a pas prévue. Le plus étonnant est moins une telle centralisation du pouvoir, car l'urgence l'explique à défaut de la légitimer, que la rapidité et la passivité avec lesquelles les parlementaires l'avalisent. Les députés, notamment, semblent volontaires pour une telle défausse, et presque soulagés de ne pas avoir à gérer au quotidien la difficulté de l'art de décider. Ce n'est pas un putsch exécutif qui advient, mais une démission, un sabordage parlementaire.

Certes, l'expression des oppositions demeure, et le corps législatif n'est ni muet ni amorphe, mais il abdique la responsabilité de ce qui est mis en œuvre, se satisfaisant de son privilège de commentaire et de critique. Les représentants du peuple se contentent de donner des avis consultatifs, ils dorment mieux à ne pas être comptables de ce qui est fait. Lors du deuxième confinement, l'union nationale vire à la cacophonie, mais le Parlement n'en sort pas grandi : incapable de proposer un autre mode de lutte contre le virus, l'opposition se réjouit d'amputer la durée de l'état d'urgence de deux mois, le limitant à la mi-décembre, avant que le ressaisissement de la majorité, et surtout les mauvais chiffres sanitaires, ne montrent la vanité, la puérilité et l'irresponsabilité de cette manœuvre. C'est un fiasco législatif auquel nous assistons depuis mars 2020. La France ne vit pas un nouveau « 10 juillet 1940 », les pleins pouvoirs ne sont accordés à aucun « maréchal Macron », mais le Parlement devient un filigrane démocratique, tandis que le gouvernement est partout au premier plan, les mains sur le réel.

Pourtant, même la hiérarchie gouvernementale est modifiée, et la redistribution des pouvoirs au sein du pouvoir est importante. D'abord, nombre de ministères deviennent liquides, évanescents. Ne comptent plus que la Santé, l'Économie et les Finances, l'Intérieur et la Défense, à un degré moindre, l'Éducation – hors ces domaines, on expédie les affaires courantes, qui ne courent d'ailleurs plus. Il s'agit d'assurer l'ordre, public et sanitaire, et de limiter la casse dans l'activité du pays ; tout le reste attendra, malgré le mantra réformiste toujours ânonné au sommet. Plus grave, le processus de décision lui-même est modifié, au plus haut. Emmanuel Macron concentre l'initiative au sein du Conseil de défense et de sécurité nationale, une instance créée en 2009 pour gérer en petit comité confidentiel les dossiers relevant de la sûreté du pays. Étendre le rayon d'action de ce Conseil à d'autres sujets, comme il le fait avec l'écologie puis la santé, permet au président de gagner en discrétion et en efficacité. En discrétion, parce que les participants à de telles réunions sont moins nombreux que les membres du Conseil des ministres, et qu'ils sont tenus par le « secret Défense » : le moindre bavardage est une faute grave, et les fuites sont plus facilement « traçables ». En efficacité, car le Conseil de défense informe le président, qui tranche seul ensuite, le délibératif étant tout entier voué à nourrir sa réflexion personnelle. Le débat contradictoire est moins formel qu'en Conseil des ministres, donc plus riche et plus utile ; personne ne défend son pré carré, les ministres, à égalité avec les hauts fonctionnaires présents, fusionnent dans une sorte de cabinet privé du président, de « Conseil du roi ». Les actes du chef de l'État ne sont pas plus protégés par cette pratique nouvelle – mais pas moins –, et si la France demeure à l'abri de tout césarisme, elle voit néanmoins se tendre encore un peu plus les ressorts du régime. Un Parlement en trompe-l'œil, un gouvernement clignotant et un Conseil de défense omnipotent : le coronavirus a amendé, entre les lignes, la Constitution de la Ve République.

« Un voile sur les libertés »

Face à la première vague d'infection au coronavirus, l'exécutif réduit les libertés publiques par le confinement subit et brutal. Jean-Louis Bourlanges, député centriste, peu enclin à l'opposition brutale, le reconnaît et l'analyse : « On ne peut pas nier que les deux lois instituant et prolongeant l'état d'urgence sanitaire suspendent ou restreignent massivement nos libertés les plus fondamentales, comme les libertés de circulation, de réunion, de manifestation et des cultes. Le droit de propriété est bousculé, le respect des obligations contractuelles en matière commerciale, fragilisé. Sans parler des coups de canif au secret médical. Non seulement notre état de droit est mis entre parenthèses, mais l'orchestration de ce régime d'exception est tout entière entre les mains de l'exécutif. Faut-il s'en inquiéter ? Oui. Faut-il s'en indigner ? Non. L'ampleur du péril, les menaces gravissimes que la crise fait peser sur l'avenir du pays sont constitutifs de ces "circonstances exceptionnelles" qui justifient depuis toujours des mesures qui ne le soient pas moins. Sous condition, et c'est essentiel, qu'elles soient strictement bornées dans le temps. C'est Montesquieu lui-même qui y consent : "Il y a des cas où il faut mettre, pour un moment, un voile sur les libertés comme l'on cache les statues des dieux." "Pour un moment" : tout est là[1] ! » Le problème est que « pour un moment » devient, avec le deuxième

1. *Le Figaro* du 11 mai 2020.

confinement, proclamé le 28 octobre, une sorte de « durée indéterminée », une habitude, la suspension automatique de certaines libertés en fonction de l'état de l'épidémie, l'indexation de l'état de droit sur l'état sanitaire du pays.

La « servitude volontaire » étant question d'habitude, d'accoutumance, on peut craindre que la loi d'exception ne devienne le droit commun. Avec l'état d'urgence anti-terroriste, la peur a déjà surgi d'une banalisation à force de prolongation. Même Johan Norberg, un essayiste suédois qui appartient au groupe des « nouveaux optimistes », s'en soucie : « Je suis inquiet pour les démocraties libérales. On n'a jamais vu un démantèlement aussi rapide de nos libertés à travers les confinements ou les contrôles des déplacements *via* les smartphones. Sommes-nous si certains que les dirigeants vont rétablir tous les droits des citoyens après cette crise ? Une partie, oui, bien sûr, mais d'autres verront à quel point il est commode d'avoir autant de pouvoir. Soyons vigilants[1] ! » Un pessimisme que ne partage pas le sénateur centriste Claude Malhuret, remarqué à la tribune du palais du Luxembourg pour ses analyses de la crise, et qui, le 19 avril 2020, explique devant ses pairs pourquoi les dirigeants et les régimes les plus autoritaires sont décrédibilisés par leur gestion de la pandémie : « La cause de la maladie est le virus, la cause du drame est le régime chinois qui a caché la vérité pendant

1. *L'Express* du 23 avril 2020.

un mois. [...] Les seuls pays qui s'en sont bien sortis sont les quatre démocraties asiatiques : Taïwan, Hong Kong, Singapour et la Corée du Sud. [...] Trump restera comme le président du "*make the virus great again*". » Et Malhuret de terminer son discours par un hommage humoristique à l'Allemagne, dont l'organisation sans faille a bloqué la première vague de l'épidémie : « C'est un peu irritant, ces Allemands qui savent toujours où sont rangées les affaires... »

Même au moment du déconfinement, quand les libertés devraient refleurir sans barrières, les critiques pleuvent, justifiées, comme celles de Mathieu Laine : « Enivrés aux volutes du pouvoir d'interdire, ils dirent non à tout : au retour en classe, au muguet, aux parcs et jardins, à la suppression du mètre de distance dans les transports en commun malgré le port du masque. Non, non, non. Un coup d'État technocratique, en somme, qu'il nous faut enjamber[1]. » Une partie de l'inquiétude libertaire se porte, lors de ce déconfinement, sur l'apparition de StopCovid, l'application pour téléphone portable mise au point par le gouvernement. La crainte du fichage, du suivi à la trace des citoyens ébouillante le débat parlementaire et émousse l'outil numérique, et celui-ci fait un flop, discrédité par la méfiance des politiques envers l'application pourtant pensée par le politique. Peur déraisonnable, selon la philosophe Anastasia Colosimo : « Dans les divers pays qui ont

1. *Le Figaro* du 26 mai 2020.

recouru de manière systématique au traçage numérique, les mesures de confinement ont été moins drastiques et l'endiguement de la contagion plus notable qu'ailleurs. Dans les démocraties européennes, ce fait n'a pourtant pas manqué de trouver des détracteurs criant à l'atteinte fondamentale aux droits de la personne que causerait l'instauration d'une telle mesure par des États forcément malveillants. Bien qu'il soit toujours sain de s'interroger sur le sens et les conséquences d'une privation ou réduction de liberté, cette crainte ressort au mieux puérile et naïve. Annoncé comme limité dans sa temporalité, neutralisé dans son étendue, anonyme dans son fonctionnement et à la condition expresse que les données soient sécurisées, de préférence stockées de façon décentralisée sur le modèle allemand et à terme effacées, le traçage numérique peut être un bon instrument pour retrouver plus vite d'autres libertés dont celle, par exemple, d'aller et venir. Le plus paradoxal chez ces "mutins de Panurge" (Muray) est qu'ils confient un nombre incalculable d'informations autrement plus intimes aux Gafa, avec lesquels aucun gouvernement ne peut rivaliser en termes de collecte ou de traitement, et cela sans qu'ils s'en émeuvent outre mesure[1]. » Dans cette tribune, elle rappelle aussi où se trouve le principal risque liberticide : « Le vrai danger est du côté de la pérennisation de ces lois, autrement dit de l'instauration d'un état d'exception permanent. […] On ne saurait non plus ignorer que l'on peut vite

1. *Le Figaro* du 15 mai 2020.

oublier le goût de la liberté perdue au point de ne plus nous souvenir en quoi elle consiste, comme c'est le cas notamment pour la liberté d'expression. »

« On a toujours besoin d'un certificat »

Car les entailles dans le pacte libertaire et libéral, fondateur de la République, ne sont ni imaginaires, ni escamotées par le fantasme autocratique ou la paranoïa anti-fichage, elles sont bel et bien réelles. Là encore, l'écho des grandes pièces de théâtre sur l'épidémie illustre l'importance, pour ne pas dire la gravité, des entraves imposées par l'État. La ressemblance entre les propos des dirigeants et fonctionnaires de fiction, et les discours que nous avons entendus sur les écrans au printemps ou à l'automne, est édifiante. Qui déclare : « Plus personne ne peut entrer et vous ne pouvez plus sortir. [...] Les spectacles sont interdits. Les magasins, les cafés resteront ouverts le moins longtemps possible afin de réduire la propagation. [...] Il n'y aura plus de réunion publique. Les groupes de plus de trois personnes seront dispersés. Il est également interdit de flâner » ? Est-ce Christophe Castaner ou Gérald Darmanin ? Est-ce Édouard Philippe ou Jean Castex ? Non, il s'agit du Fonctionnaire dans *Jeux de massacre*[1], d'Eugène Ionesco, pièce créée le 11 septembre 1970 à Paris. Édouard Philippe, lui, clame en écho, le 14 mars 2020 : « En lien avec le président de la République, j'ai donc

1. Gallimard, 1970 ; Folio, 2017.

décidé, jusqu'à nouvel ordre, la fermeture à compter de ce soir minuit de tous les lieux recevant du public non indispensables à la vie du pays. Il s'agit notamment des restaurants, cafés, cinémas, discothèques… » La fiction et le réel ; d'autres mots, une même politique.

Dès 1948, dans *L'État de siège*, Albert Camus y va de son couplet : « À partir de ce jour, en signe de pénitence à l'endroit du malheur commun et pour éviter les risques de contagion, tout rassemblement public est interdit et tout divertissement prohibé. » Il ajoute deux dimensions que le pouvoir contemporain reprend à son compte, comme s'il avait lu et copié la pièce : le couvre-feu et la manie de l'attestation pour justifier de chaque sortie. « Tous les feux devront être éteints à 9 heures du soir et aucun particulier ne pourra demeurer dans un lieu public ou circuler dans les rues de la ville sans un laissez-passer en due forme qui ne sera délivré que dans des cas extrêmement rares et toujours de façon arbitraire. Tout contrevenant à ces dispositions sera puni des rigueurs de la loi. » Le 17 mars 2020, Christophe Castaner est plus sobre : « Pour chaque sortie, chaque personne devra disposer d'une attestation sur l'honneur indiquant son identité, son adresse et les motifs de son déplacement. » Mais le dictateur de *L'État de siège* théorise ce que le ministre de l'Intérieur d'Emmanuel Macron ne fait que décréter : « Le grand principe de notre gouvernement est justement qu'on a toujours besoin d'un certificat. On peut se passer de pain et de femme, mais une attestation en règle, et qui certifie n'importe quoi, voilà ce dont on ne saurait se priver ! »

La manie de l'attestation, du papier en règle, est éloquente : pour aller travailler, faire ses courses, effectuer un jogging, sortir son chien, consulter un docteur, honorer une convocation administrative. Puisqu'il s'agit de déclarations « sur l'honneur », pourquoi un papier, téléchargé ou imprimé, avec horaires et motifs noir sur blanc, est-il nécessaire ? Pourquoi ne pas se satisfaire de la parole du citoyen, lui faire confiance quand il dit qu'il vient de sortir ou qu'il s'apprête à rentrer ? Il s'agit, en fait, de l'opprimer (modérément) par paperasse interposée. Le papier est là, dans notre veste ou notre sac, avec un horaire inscrit qui ne peut être modifié – et la montre tourne. Pas besoin de caméra vidéo ni de gardes armés, le compte à rebours du papelard suffit à nous faire presser le pas. L'attestation de sortie est « dérogatoire », elle précise bien que nous dérogeons à la règle ; ce n'est pas un droit, c'est un passe-droit, c'est-à-dire une exception, un document qui fait de nous un hors-la-loi toléré, à titre très provisoire, à défaut d'être « arbitraire » comme dans *L'État de siège*. Car nous ne sommes pas en « état de siège », nous sommes en confinement, ce qui est le contraire : l'ennemi viral n'entoure pas la ville ni le pays, il est partout chez lui, et c'est nous qui nous enfermons, créant bunkers et forteresses, et les maigres zones de promenade qui vont avec.

L'attestation, c'est la preuve tangible que nos libertés sont écornées, et le signe de la mansuétude gouvernementale. Le citoyen peut les imprimer à la queue-leu-leu et se promener tant qu'il veut, ou presque, ce qui prouve que la dictature dénoncée par les libertaires est un dragon de papier. Le pouvoir est bonhomme, puisqu'il nous offre le laissez-passer pour contourner ses interdits. Mais le citoyen consomme avec modération cette possibilité, complice de son placement en résidence surveillée. L'attestation de déplacement dérogatoire, c'est un bracelet électronique sans pile.

Une lâche tyrannie

La société s'installe donc dans une règle où l'on ne peut plus rendre visite aux vieux, accompagner les malades en fin de vie, s'occuper de jeunes en difficulté, assister à des cultes et à des cérémonies, honorer les morts, célébrer les grandes dates de l'Histoire ni surtout jouir des arts, pratiquer ces communions qu'aucune guerre n'a empêchées, comme le théâtre ou la musique. Lors du deuxième confinement (on n'ose plus dire le second…), conscient du malaise anthropologique provoqué en mars, le pouvoir autorise les enterrements en petit nombre et entrouvre la porte des maisons de retraite. Mais il s'agit d'exceptions, de tolérances, chacun étant encouragé à la plus grande parcimonie. En revanche, on peut, avec l'approbation de l'État, acheter de la viande, regarder son chien uriner ou transpirer en courant. Le confinement est un renversement du sacré, qui rabaisse la condition humaine à ce que le gouvernement nomme l'« essentiel », alors qu'il ne s'agit que du « nécessaire », c'est-à-dire toutes les contingences, souvent vulgaires, de l'existence. Ce qui est banni, interdit, pourchassé, c'est tout ce qui est considéré comme « inutile » alors que ce sont justement les activités indispensables pour constituer un être humain, avec une vraie vie, dans une vraie cité : la culture, la politique, la transcendance. Lors du premier confinement, le pouvoir aurait dû se faire un devoir, et un honneur, de laisser ouvrir les librairies : l'hygiénisme pétochard l'a emporté sur l'esprit de civilisation. Lors du deuxième confinement, il aurait dû se faire une gloire, et un bonheur, de laisser ouvrir les théâtres, puisque aucune contamination n'y avait jamais été enregistrée, grâce à la discipline des spectateurs et des directions de salle : le simplisme et l'égalitarisme borné l'ont emporté sur le panache et la justice.

C'est l'autre dimension de ce despotisme de bonne volonté, de cette tyrannie protectrice : il faut faire simple. Plutôt que de traquer le virus dans ses repaires préférés, plutôt que d'arrêter les activités contaminantes, parce qu'on n'y porte pas de masque ou que l'on est en trop grande promiscuité, le pouvoir taille dans les libertés avec une hache à large fer, il fait tomber un marteau-pilon sur la ruche pour écraser le frelon qui s'y est introduit. D'un côté, le gouvernement est incapable de stopper les *rave parties* de l'été, de contrôler les fiestas étudiantes de la rentrée et de faire la police à la terrasse des cafés, où les tables s'empilent et les consommateurs s'agglutinent. De l'autre, il ferme les commerces sans équité ni cohérence, laissant les grandes surfaces vendre les livres ou les vêtements que les détaillants ne peuvent plus proposer, attirant les foules dans des zones moins nombreuses, provoquant la concentration qu'il prétend éviter... Et quand les protestations s'élèvent, l'exécutif préfère étendre encore l'interdiction de vendre que se dédire en tolérant des exceptions. On voit des gendarmes au rayon chaussettes d'un supermarché, afin de vérifier qu'on ne peut les acheter. Les vêtements pour bébés sont autorisés à la vente, mais ceux pour les enfants ne le sont pas. Les étals se couvrent de rubans en plastique jaune et noir, comme sur les scènes de crime du cinéma américain. C'est Franz Kafka qui avance main dans la main avec le Père Ubu !

Ces cafouillages et ces pas de clerc prouvent que le pouvoir n'est pas toujours fort quand il s'affiche autoritaire. Au contraire, c'est son manque de courage qui l'incite à sévir, dans un registre à la fois martial et paternaliste. Le gouvernement – et la France n'est pas une exception – n'a pas le cran, en septembre 2020, d'interdire toute activité effectuée sans masque, c'est-à-dire de fermer les cafés et les restaurants, ni d'investir les fêtes étudiantes et privées. Il craint face aux premiers la colère corporatiste de professions organisées, et avec les seconds l'accusation d'intrusions abusives. D'un côté, il tolère, impuissant, ce qui est dangereux ; de l'autre, il interdit, inflexible, ce qui est inoffensif. C'est une lâche tyrannie que celle-ci.

Dans la querelle récurrente entre Paris et la province, les élus locaux se donnent le beau rôle, s'affichant en défenseurs des libertés, pour lutter contre la fermeture des commerces ou défendre la ruralité confinée. Mais ils ne sont pas les derniers à jouer les tyranneaux, en imposant des couvre-feux, comme le 22 mars 2020 à Nice, ou en obligeant leurs administrés à sortir masqués, bien avant que l'État ne le décide. Au nom de la protection des citoyens, le maître féodal anticipe, impose, outrepasse. Il sait que sa popularité ne sera pas moins grande si son autorité est plus forte. Au contraire, face à la peur, le citoyen aime la férule : si le puissant interdit, c'est que le puissant protège. Auteur d'une bande dessinée décrivant l'instauration d'un ordre sanitaire rigide, le scénariste Jean Van Hamme avertit : « Je voulais parler du danger que représentent pour la liberté individuelle les excès de “bien vouloir” d'un État dont on attend trop de bienfaits. » Cette attitude est commune à tous les pouvoirs, locaux ou étatique, elle est l'occasion vertueuse d'étendre leur emprise sur le territoire où ils sont légitimes.

« Le mensonge les tue plus sûrement que l'impuissance »

Graphiques à l'appui, humilité en bandoulière et PowerPoint au poing, le pouvoir n'a cessé de jouer la comédie de la transparence. Édouard Philippe, un temps débordé par la gestion de l'épidémie, se rétablit le samedi 28 mars 2020, lors d'un long exercice de pédagogie censé décrire la réalité de la pandémie et de l'effroi hospitalier, mais aussi la pertinence des mesures prises. Modeste et minutieux, le Premier ministre endosse un costume qui lui est inédit : celui du politique qui ne sait pas tout, qui fait de son mieux et qui ne peut rien promettre. C'est-à-dire l'inverse de la technocratie, ce pouvoir omniscient, sûr de lui et infaillible. C'est une posture, car la réalité de Matignon, mirador administratif, ne change pas, mais cette communication fonctionne : adossée aux bons résultats du premier confinement, elle pose le personnage Philippe et le rend vite populaire. Barbe bicolore, front grave et flegme normand, le voici installé pour l'avenir. Mais cette attitude, toute de courage et de vertu, toute de vérité, est bien tardive. L'autorité du gouvernement, en France plus qu'ailleurs parmi les démocraties d'opinion, se fonde dans un premier temps sur le mensonge. Un mensonge qui n'invente rien, mais qui réécrit, qui interprète, qui change de sujet. Un mensonge par omission. Dire ce qui n'est pas, le gouvernement ne saurait le faire. Mais ne pas dire ce qui est, telle est sa tactique, son réflexe, sa méthode. Dans l'esprit populaire, l'affaire des masques est emblématique de ce « mentir vrai » cher aux politiques. Le pouvoir ne ment pas de plain-pied, il ne dit pas qu'il y a des masques en grand nombre, disponibles à volonté. Il explique que le port du masque est inutile, voire dangereux, et que le manque de stocks n'est pas un problème, qu'il est même une chance puisque nous pourrions nous contaminer, s'il y avait des masques, en les manipulant avec imprudence. Ce n'est pas le fait qui est maquillé, mais l'interprétation du fait qui est biaisée, tordue, arrangée, pour correspondre à la volonté du gouvernement et lui permettre de dire qu'il agit bien, aujourd'hui comme hier. Le pouvoir ne dit pas qu'il n'y a pas de problème, mais que le problème est un faux problème, que nous regardons le réel avec de mauvaises lunettes. Le mensonge d'État ne s'attache pas au constat, mais aux conclusions ; il ne nie pas, il corrige.

L'autre forme de mensonge coutumière du pouvoir est l'euphémisme. Adoucir le réel, l'amortir sans le nier, pour convaincre le citoyen que la situation est sous contrôle, que « le maître maîtrise » et qu'il faut obéir à ce mot d'ordre évident : « Circulez, il n'y a rien à voir. » Comme le dit, dans *L'État de siège*, le héraut du pouvoir gaditan (du nom des habitants de Cadix...), pouvoir qui va vite être renversé par La Peste, le dictateur : « Les bons gouvernements sont les gouvernements où rien ne se passe. Or telle est la volonté du gouverneur qu'il ne se passe rien en son gouvernement, afin qu'il demeure aussi bon qu'il a toujours été. » En 2020, à Paris, cette volonté que rien ne se passe s'exprime, le 24 janvier, par la bouche d'Agnès Buzyn, alors ministre de la Santé : « En termes de risques pour la France, les risques de cas secondaires autour d'un cas importé sont très faibles, et les risques de propagation du coronavirus sont très faibles. » Ce subterfuge, qui ne nie pas l'épidémie tout en l'étouffant (le « risque très faible » met le pays à l'arrêt cinquante jours plus tard), discrédite la transparence postérieure, il est une catastrophe démocratique. Comment croire

Édouard Philippe le 28 mars après avoir cru Agnès Buzyn le 24 janvier ? Ainsi l'analyse Chantal Delsol : « Le traitement de la catastrophe inédite a commencé par les mensonges d'État. Nos responsables nous ont expliqué que les masques étaient inutiles et même néfastes, puis que les tests étaient inutiles. Tous les Français ont un souvenir précis de ces discours, et tous savaient qu'il s'agissait là d'une tromperie manifeste : avec tout le déploiement de l'expertise, on décrétait inutile ce dont on ne disposait pas. À partir de là, toute confiance s'en est allée. À présent, nos gouvernants peuvent bien faire de longues palinodies pour nous inviter à faire ceci ou cela, nous les regardons avec ironie et scepticisme[1]. »

Prophétie confirmée par les réticences collectives à appliquer, après le choc de la deuxième vague, les consignes gouvernementales. Le couvre-feu est instauré à 21 heures ? Les citadins s'organisent et envahissent les terrasses et les salles de café à 19 heures au lieu de 20 h 30… Leur métro/boulot/bistrot est frappé de confinement ? Ils refusent le métro/boulot/dodo qui doit se substituer à lui et jonglent avec les attestations téléchargeables pour continuer à vivre à peu près comme ils l'entendent. Ils s'habituent à leurs fers et essaient de « danser dans les chaînes », comme le préconisait Frédéric Nietzsche. Parce que le gouvernement a menti sur les masques, mais aussi parce qu'il a montré

1. *Le Figaro* du 24 octobre 2020.

son incapacité à être efficace dans la politique qu'il a lui-même installée, le fameux tester-tracer-isoler.

Chantal Delsol ne soupçonne pas les ministres d'être mythomanes. Pour la philosophe, c'est la nature du pouvoir technocratique qui est en cause : « Et pourquoi ont-ils menti ? Parce que, dans leur cervelle d'enfants gâtés, le gouvernant doit être tout-puissant, et, s'il ne l'est pas, faire semblant de l'être – sinon, il déchoit. Ils n'ont pas compris que le mensonge les tue plus sûrement que l'impuissance avouée. Ils ne l'ont pas compris parce qu'ils sont des enfants de cette époque de la toute-puissance, celle précisément que le virus est en train de renverser[1]. » Il est juste de concéder à Édouard Philippe qu'il a pressenti cette évolution en abandonnant toute certitude à partir du 28 mars 2020, et en optant pour une détermination appuyée sur le doute, pour une gouvernance hypothétique. Mais il n'a pas changé la nature d'un pouvoir qui est l'héritier et l'otage d'une cogestion avec la haute fonction publique. Entre le corps des élus et celui des grands serviteurs de l'État, l'endogamie est évidente. Le parcours de tous ces individus les mène de l'ENA à un ministère en passant par la vie de cabinet, l'administration, l'entreprise publique et, éventuellement, l'élection. Dans cette élite, les destins mélangent leurs fils et tissent un voile opaque. « Nos gouvernants ont appris à administrer, poursuit Delsol, c'est-à-dire à gérer les prévisions, les certitudes, la bureaucratie,

1. *Ibid.*

le contrôle, les chiffres. Ils n'ont pas appris à gouverner, c'est-à-dire à assumer le risque, la contingence, la pente raide – toutes choses que l'on n'enseigne pas dans les grandes écoles. Et voilà pourquoi votre fille est muette[1]. » Référence moliéresque : Sganarelle, dans *Le Médecin malgré lui*, développe devant Géronte un raisonnement confus et jargonnant, qu'il achève par une cascade de mots en latin et son fameux « Voilà justement ce qui fait que votre fille est muette » ; de même, le gouvernement français aligne les chiffres, les analyses, les projections, et conclut, pantelant, que la pandémie progresse, ou que la deuxième vague est là.

L'ignorance est une innocence

Une autre preuve de la couardise du pouvoir est que, au lieu de s'appuyer sur le spécialiste, il s'abrite derrière lui. La décision n'est plus nourrie par les avis, elle est soumise à l'analyse technique. La première erreur du gouvernement est la création par Olivier Véran, au tout début de mars 2020, du conseil scientifique sur la Covid-19, pour éclairer la décision publique dans la gestion de la situation sanitaire liée au coronavirus. En installant ce collège *ad hoc*, il donne le sentiment que les nombreuses instances déjà en place sont inutiles et disqualifiées, et surtout que le pouvoir est désormais surmonté, précédé par ce nouvel aréopage d'experts. Le conseil apparaît comme la véritable

1. *Ibid.*

instance de décisions que le politique va simplement mettre en mots pour s'adresser au peuple, puis mettre en actes juridiques pour piloter l'administration et limiter les libertés publiques. D'ailleurs, le président de la République consacre cette supériorité en déclarant, le 16 mars : « Nos décisions ont été prises sur la base de recommandations scientifiques. »

La réalité est plus complexe : le gouvernement ne suit pas toujours les avis du conseil scientifique, il s'agace même quand son président, le 9 septembre 2020, en appelle à des « décisions difficiles », mais jamais il ne justifie ses choix autrement que par l'avis médical. De l'intérêt supérieur de la nation, de la raison d'État, de la nécessité de préserver avant tout la force économique du pays, il n'est pas question une seule fois. Même quand il s'agit, à l'automne, de ruser avec l'évidence, et d'adapter la lutte sanitaire au maintien de l'activité, parce qu'on craint une crise effroyable, cet ordre de priorité n'est pas assumé. Le thermomètre devient l'instrument officiel du pouvoir, en lieu et place du baromètre.

La dernière peur, qui explique pourquoi les puissants s'abritent derrière les savants, c'est la peur du tribunal. Depuis l'affaire du sang contaminé, il y a trente-cinq ans, tout gouvernant sait qu'une décision prise ou – plus terrible – une décision omise peut le mener devant un tribunal. À l'occasion de l'épidémie de Covid-19, pas moins de quatre-vingt-dix plaintes sont déposées par des citoyens ou des associations devant la Cour de justice de la République. Si la plupart sont écartées, neuf sont validées, et c'est le 3 juillet 2020 que la CJR les déclare recevables, c'est-à-dire le jour même où Édouard Philippe, concerné, transmet les clefs de l'hôtel de Matignon à Jean Castex. Une coïncidence qui justifie la crainte des politiques : tout ce qu'ils font est à haut risque judiciaire. Au ministère de la Santé comme au sommet du gouvernement, c'est d'ailleurs plus qu'une crainte, c'est une hantise – tous les collaborateurs des cabinets en témoignent. Le sénateur Claude Malhuret s'en alarme le 4 mai 2020 : « Dans nos démocraties libérales, qui s'attachent à rendre impossibles leurs propres décisions, les épées de Damoclès politique, juridique et médiatique vous menaceront à la moindre erreur. Les sycophantes ont déjà ouvert leurs dossiers. » Le peuple ne menace pas seulement ses chefs par des sondages en torche ou des promesses de vote sanction, il les agresse aussi par le truchement de la Justice, dont la balance devient une fronde.

Au printemps 2020, pressentant cet orage procédurier, les élus, locaux et nationaux, tentent de s'en protéger en élargissant le spectre de la loi Fauchon, votée en 2000 et qui vise à écarter les accusations abusives proférées contre les décideurs publics, élus ou fonctionnaires. Grâce à ce texte, sont condamnables ceux qui ont « commis une faute caractérisée et qui exposait autrui à un risque d'une particulière gravité qu'elles ne pouvaient ignorer ». La préoccupation des politiques, à partir de cette loi, est de pouvoir prouver, à chaque décision, qu'ils ne pouvaient pas savoir que cela allait mettre des citoyens en péril. Pour eux, l'ignorance est une innocence. Le 4 mai, en vue du déconfinement, le Sénat à majorité de droite adopte un amendement renforçant cette protection et précisant que personne ne pourra être poursuivi si l'un de ses subordonnés attrape la Covid-19 pendant le temps couvert par l'état d'urgence sanitaire, sauf s'il lui a fait prendre un risque évident. Chefs d'entreprise face à la reprise du travail, hauts fonctionnaires relançant les services publics ou élus rouvrant des activités sont donc, tous, nimbés d'une immunité. Mais le gouvernement, effrayé par la grogne populaire que soulèverait une telle amnistie *a priori*, récuse cet amendement, à la grande surprise du monde politique. L'essayiste libéral Édouard Tétreau s'en offusque : « Le Sénat a tendu une vraie perche à l'exécutif cette semaine, en proposant un amendement équilibré et de bon sens pour circonscrire aux cas les plus graves la responsabilité pénale des élus et chefs d'entreprise en cas de contamination au coronavirus. La ministre de la Justice a cru bon de balayer cette option, pourtant évidente pour qui veut véritablement faire repartir le pays, et faire confiance à ses responsables. Faut-il changer de gouvernement pour enterrer cette philosophie de la punition et de la défiance, digne de robespierristes ou de mélenchonistes, qui va avoir pour effet de creuser la dépression économique et donc la détresse sociale ? Si les élus doivent vivre avec cette épée de Damoclès permanente et injuste ; si les chefs d'entreprise doivent lire et comprendre l'incompréhensible protocole national de déconfinement du ministère du Travail et ses soixante guides associés tout aussi infantilisants et déconnectés, alors oui, mai 2020 sera notre mai 1940 économiquement et socialement[1]. »

Que le penseur se rassure ! La majorité substitue à l'amendement un peu grossier du Sénat un autre bouclier, plus discret : pour condamner un décideur, la justice devra tenir compte, « en cas de catastrophe sanitaire, de l'état des connaissances scientifiques au moment des faits ». Et voilà pourquoi toute décision du politique est placée sous le parapluie des médecins ! À chaque annonce, le gouvernement barde ses propos des dernières déclarations, des chiffres récents, des courbes les plus fraîches. Mises en avant quand il s'agit de trancher, ces « connaissances scientifiques au moment des faits » seront brandies à nouveau devant le tribunal. Compte tenu de l'avalanche d'articles contradictoires dans les revues les plus sérieuses, de propos antagonistes sur les plateaux de télévision et de l'intensité de la guerre des blouses blanches, les responsables qui ont agi durant l'épidémie possèdent la plus belle police d'assurance de l'histoire politique.

La judiciarisation extrême de la société, la prise en otage permanente du décideur par le citoyen, n'en demeure pas moins un problème grave, cause d'une

1. *Le Figaro* du 9 mai 2020.

véritable tétanie du pouvoir. Au principe de précaution, trop souvent confondu avec le risque zéro, s'ajoute la prévoyance judiciaire : le politique a cent boulets au pied et mille pistolets braqués sur la tempe. Voilà pourquoi la France décide de moins en moins et n'ose presque plus. La chance sourit aux audacieux, mais la prudence leur fait la grimace. Alain Finkielkraut résume cette mise en joue permanente du politique : « Pour rendre la tâche de ceux qui nous gouvernent encore plus difficile, on en fait les boucs émissaires de nos peurs primaires, on les traduit devant le tribunal de la bêtise surinformée, on veut les contraindre à prendre les décisions qu'on leur reprochera ensuite, avec la même arrogance, d'avoir prises[1]. »

L'ultime rendez-vous du pouvoir avec l'épidémie sera, dans quelques mois, la gestion de la vaccination. Le premier impératif consistera à établir l'égalité d'accès à la piqûre salvatrice, quelles que soient la position sociale ou la localisation territoriale des patients – seule l'utilité publique des individus leur conférant un ordre de priorité, qui placera en tête de file les soignants, les policiers, les enseignants, les militaires, etc. Il est néanmoins indispensable de considérer la vaccination, non comme le dernier acte de l'épidémie, mais comme le premier pas dans l'après-épidémie : priorité, donc, non aux personnes âgées exposées au plus fort risque de forme grave, mais aux travailleurs qui doivent relancer

1. *Le Figaro* du 27 mars 2020.

l'économie, aux jeunes qui doivent reprendre leur formation ajournée, à ceux qui créent de la richesse. Gageons que la *doxa* exigera, au contraire, de raisonner en fonction de la règle de la « compassion maximale », et donc de vacciner d'abord ceux qui sont les moins importants pour le redressement du pays. En veillant à l'intérêt supérieur de la nation, le pouvoir serait accusé de cynisme ; en obéissant à la nouvelle tyrannie de la victimisation, il enfoncera encore plus l'économie française.

Le second défi posé à la décision politique a été tranché par Emmanuel Macron le 24 novembre : il n'y aura pas de vaccination obligatoire. Pourtant, le gouvernement ne peut laisser circuler comme les autres citoyens ceux qui auront refusé d'être vaccinés et continueront ainsi à transmettre le virus. Aura-t-il le cran d'imposer des restrictions aux militants « anti-vax » : pas d'accès aux avions ou aux trains, pas de restaurant sans présentation de son certificat de vaccination, tant que le virus n'est pas éradiqué ? Défendre la liberté, ce n'est pas encourager l'irresponsabilité, et le citoyen qui veut jouir de son droit légitime de dire « non » doit en accepter le prix à payer – sinon, le contrat social se résume à un intenable droit de tirage égoïste. D'ores et déjà, ce rendez-vous du courage semble faire trembler les dirigeants…

« La croissance sans fin du pouvoir »

C'est un tyran bien pâle, un tyran-esclave, un tyran-otage, que le politique. Pourtant, il parvient, pour éviter d'être jugé responsable de milliers de morts, à rogner nos libertés, par ce despotisme doux et prévenant qu'Alexis de Tocqueville décrit dans *De la démocratie en Amérique*, et qui ressemble comme un jumeau à celui qui se déploie, avec notre assentiment et parfois à notre demande, face à la pandémie : « Le souverain étend ses bras sur la société tout entière ; il en couvre la surface d'un réseau de petites règles compliquées, minutieuses et uniformes [...]. Il ne brise pas les volontés, mais il les amollit, les plie et les dirige : il force rarement d'agir, mais il s'oppose sans cesse à ce qu'on agisse ; il ne détruit point, il empêche de naître ; il ne tyrannise point, il gêne, il comprime, il énerve, il éteint, il hébète, et il réduit enfin chaque nation à n'être plus qu'un troupeau d'animaux timides et industrieux, dont le gouvernement est le berger. » Encore une fois, maudire cet oppresseur ne mène à rien si l'on omet qu'il est l'invité du peuple, son choix, son hôte. « J'ai toujours cru, poursuit Tocqueville, que cette sorte de servitude, réglée, douce et paisible, dont je viens de faire le tableau, pourrait se combiner mieux qu'on ne l'imagine avec quelques-unes des formes extérieures de la liberté, et qu'il ne lui serait pas impossible de s'établir à l'ombre même de la souveraineté du peuple. Nos contemporains sont incessamment travaillés par deux passions ennemies : ils sentent le besoin d'être conduits et l'envie de rester libres. Ne pouvant détruire ni l'un ni l'autre de ces instincts contraires, ils s'efforcent de les satisfaire à la fois tous les deux. » N'est-ce pas exactement l'attitude des Français face à l'épidémie ? Ils sont râleurs face au couvre-feu ou au confinement, mais confortent, par les sondages, ces actes autoritaires censés bloquer le virus.

Jusqu'où peut aller l'extension du domaine du pouvoir ? Maître de conférences à Sciences Po, Jean-Philippe Vincent répond : « Chaque crise majeure d'un pays, chaque guerre contribue à alimenter la croissance sans fin du pouvoir. Et plus les guerres ou les crises deviennent totales et plus le pouvoir le devient à son tour. On peut certes tenter de se rassurer en prétendant que le niveau d'intervention du pouvoir reviendra “à la normale” une fois la crise terminée. Mais c'est précisément ce qui ne se produira pas. [...] Dans la marche vers un pouvoir toujours plus envahissant, il peut y avoir des pauses, mais il n'y a pas de retour en arrière. [...] Les moyens exceptionnels accordés au pouvoir et à l'État pour lutter contre l'épidémie le sont pour assurer un bien, ça n'est pas contestable. Mais qui nous garantit que ces restrictions à la liberté ne seront pas un jour mises au service d'objectifs tout autres que le bien ? Rien[1]. » Il est facile de constater que la deuxième vague a relancé la machine à restreindre. Comme le signale Benjamin Constant dès 1806 dans ses *Principes*

1. *Le Figaro* du 7 mai 2020.

de politique, « l'arbitraire est contagieux ». Mais c'est au bout du tunnel qu'il faudra vérifier notre résilience démocratique. Le dernier acte d'autorité légitime du pouvoir sera d'instaurer la vaccination obligatoire contre la Covid-19…

Un chagrin désiré

Cruelle contradiction que cette servitude volontaire et honnie à la fois, cet adieu empressé aux libertés, ce chagrin désiré. Leçon d'humilité que de voir nos démocraties revenues à l'état infantile où Alexis de Tocqueville les observait, il y a près de deux siècles. Certains se consolent à lire dans cette prophétie un portrait de la « démocrature », de la « démocratie illibérale » dénoncée par Emmanuel Macron : « Ils imaginent, écrit Tocqueville à propos de ses contemporains, un pouvoir unique, tutélaire, tout-puissant, mais élu par les citoyens. Ils combinent la centralisation et la souveraineté du peuple. Cela leur donne quelque relâche. Ils se consolent d'être en tutelle, en songeant qu'ils ont eux-mêmes choisi leurs tuteurs. Chaque individu souffre qu'on l'attache, parce qu'il voit que ce n'est pas un homme ni une classe, mais le peuple lui-même qui tient le bout de la chaîne. Dans ce système, les citoyens sortent un moment de la dépendance pour indiquer leur maître, et y rentrent. » Mais les pouvoirs élus dans les démocraties occidentales, appuyés sur les états d'urgence et les ordonnances nécessaires, ont pratiqué la même centralisation autoritaire, la même « tutelle ».

Les prophètes de malheur qui pronostiquent la victoire finale, après l'épidémie, des autocrates se trompent sans doute : aucun n'a triomphé face au virus, aucun n'a évité la crise économique. Si la situation semble se prêter au pouvoir absolu, c'est parce que nos démocraties libérales ont évolué dans cette direction, elles ont glissé vers le caporalisme. Certes, Emmanuel Macron n'est pas un caudillo et Jean Castex n'a pas de cravache. Mais entre le pouvoir qui nous persuade de restreindre nos libertés et le pouvoir qui supprime nos libertés, c'est-à-dire entre l'ordre sanitaire et la démocrature, il y a une mince différence. Elle est de nature, non de degré, donc il ne s'agit pas de paniquer. Mais il faut rester lucide face aux ressemblances qui pourraient permettre à la seconde, demain, de triompher en se faisant passer pour la première, en plus efficace.

Chapitre 2

La tyrannie noire de la statistique

« La progression géométrique de la mort »

Transportons-nous, au hasard de la mémoire digitale, le 17 avril 2020, en fin de journée. Comme chaque soir, la France écoute l'angélus du coronavirus, l'oraison très funèbre de frère Jérôme « Chrysostome » Salomon : « Bonsoir. La pandémie de maladie Covid-19 poursuit sa progression sur toute la planète. 2,2 millions de personnes ont été atteintes par l'épidémie, 147 500 en sont décédées, mais plus de 555 000 en sont guéries. Les États-Unis sont le pays le plus touché au monde, avec plus de 672 000 cas et 33 400 décès. L'Europe reste très fortement impactée, avec plus d'un million de cas et près de 100 000 morts. L'Espagne enregistre 185 000 cas et 19 300 décès. En Italie, l'épidémie est à l'origine de 169 000 cas et plus de 22 000 décès. Hier, en France, 1 723 personnes se sont présentées aux urgences pour une suspicion d'infection Covid-19 : c'est 8 % de l'activité totale des urgences. À la suite de leur passage aux urgences, 38 % ont été hospitalisées, cette proportion augmente régulièrement avec l'âge des personnes, et 4 % ont dû être transférées en réanimation. Hier, 491 interventions de SOS Médecins ont été réalisées pour une suspicion d'infection Covid-19 : c'est 10 % de l'activité totale. Ce soir, nous avons des informations de 1 219 établissements de santé, qui font état de 31 190 malades encore hospitalisés pour une infection Covid-19, soit 2 167 nouveaux malades en un jour. 6 027 patients dans un état grave nécessitent des soins en réanimation. Un tiers de ces patients ont moins de soixante ans. Nous comptons 98 patients âgés de moins de trente ans en réanimation. Au cours des dernières vingt-quatre heures, 243 nouveaux malades ont été admis… » Et ainsi de suite, pendant de longues minutes, avant que la langue de bois du directeur général de la Santé, secondé par d'inlassables traducteurs en langue des signes, réponde à côté des questions posées. Sympathiquement joufflu et chaleureusement mathématique, Jérôme Salomon, installé en bouclier par le pouvoir politique et érigé en majesté par les médias, est LE fonctionnaire. Or, le fonctionnaire s'abrite derrière des chiffres. Le fonctionnaire ne pense pas, il compte. Le fonctionnaire n'a pas d'opinion, il n'a que des données. Le fonctionnaire ne peut pas se tromper, car le fonctionnaire fonctionne. Il est du côté de la science, et sa science à lui, c'est la statistique. Avalanche de chiffres, bourrasque de pourcentages, tsunami de statistiques : la tactique de l'administration sanitaire est aussi grossière qu'efficace. Il s'agit de sidérer le peuple par l'énoncé récurrent de la « progression géométrique de la mort », comme l'écrit Eugène Ionesco dans *Jeux de massacre* – une réplique prononcée par un… fonctionnaire ! Aujourd'hui, les technocrates préfèrent dire « progression exponentielle », parce que cela fait penser à « explosion »… Et cela fonctionne : une France terrifiée, qui oublie que 700 000 de ses concitoyens meurent chaque année sans le concours d'un virus inconnu, éteint le poste et ferme ses portes à double tour.

La mission de la statistique, au service de l'ordre sanitaire, est double. D'abord, masquer l'impuissance. Pour l'État, manipuler cette fausse transparence des chiffres, où l'abondance tue la pertinence tout en nourrissant la peur, sert à dresser un paravent, une barricade, une muraille, afin de cacher la montagne de ses fiascos. Fiasco du stock de masques détruit en quelques années, fiasco du nombre de lits disponibles en réanimation, fiasco des tests qui manquent. L'administration médicale est incapable de neutraliser le virus par un traitement, ce qu'on peut comprendre, mais aussi, jusqu'à l'automne 2020, de tester correctement les patients qui le nécessitent et de les isoler du reste de la population. Incapable, et c'est plus grave, d'organiser l'hôpital face à la crise, de mobiliser les ressources du privé, de la médecine de ville. C'est le système D, la prise de pouvoir par le terrain, qui permet de sauver des vies, de déployer une médecine héroïque, bien plus que la centralisation bureaucratique. Ancien ministre de la Santé, Philippe Douste-Blazy, bien qu'égaré dans son soutien à Didier Raoult, dresse un diagnostic implacable des défaillances administratives dans un livre, *Maladie française*[1] : « La France est l'un des pays au monde les mieux dotés en machine PCR. Nous en avons partout : dans les hôpitaux bien sûr, mais aussi dans les cliniques privées et dans la grande majorité des laboratoires d'analyses. Pourquoi les pouvoirs publics ne se sont-ils pas appuyés sur ce réseau pour effectuer des tests ? Pour une raison caricaturale de la logique technocratique : l'administration ne pratique le référencement que des équipes habilitées à se servir des machines PCR, et seuls les appareils référencés du secteur public ont été pris en compte dans le calcul de nos capacités de tests. Une grande partie de ces machines disponibles était en service dans le secteur dit privé, qui réalise environ 60 % des analyses biologiques de notre pays. Mais, comme ces structures avaient le tort de ne pas bénéficier du "tampon officiel", le système a fait comme si elles n'existaient pas. [...] De la même manière, les vétérinaires, qui sont eux aussi très largement équipés en machines PCR, ont été ignorés. [...] Le président de la République avait beau marteler que nous étions en guerre, l'administration refusa tout pragmatisme pour ne pas rompre les protocoles. Manifestement, il est plus facile en France d'imposer

1. L'Archipel, 2020.

un confinement strict et lourd de conséquences que de remettre en cause un régime d'agrément délivré par un ministère. »

Frédéric Bizard, professeur d'économie à l'ESCP et président de l'Institut Santé, donne un autre exemple : « Pendant la première vague de Covid-19, le rôle des préfets et des agences régionales de santé s'est limité à appliquer et à tenter d'expliquer les décisions d'un État sanitaire renfermé sur lui-même. Par exemple, il faudra trois semaines à la mi-mars pour que l'État réponde à la demande des présidents des conseils départementaux de mise à disposition des laboratoires d'analyses départementaux pour réaliser des tests[1]. » Ici, c'est un fabricant de cotons-tiges pour tests nasopharyngés qui attend quarante jours un agrément des autorités sanitaires, alors que ce matériel manque et qu'il ne présente pas une grande complexité. Là, c'est le rejet du *pooling*, qui permet de resserrer les mailles du filet en constituant un groupe et en testant un seul de ses membres, puis les autres si le premier est positif – pratique répandue sur la planète : la France l'ignore. Là encore, c'est la longue attente des tests antigéniques, capables de donner une réponse en dix minutes sur la positivité au coronavirus et largement utilisés à travers le monde : les tests sont là, leur efficacité est connue, leurs limites aussi ; ce qui prive les malades et les médecins de cet outil si pratique, c'est l'administration.

1. *Le Monde* du 30 octobre 2020.

Enfin, c'est une étude ahurissante qui explique pourquoi la France jette les masques chirurgicaux après un emploi de quelques heures, alors qu'il est prouvé, tests à l'appui, que l'on peut, sans nuire à leur efficacité, les laver et les utiliser au moins dix fois : parce que l'Agence nationale de sécurité du médicament, dans un décret du 30 août 2010, impose leur usage unique ! Comment s'étonner que le pays manque de masques lors du premier confinement, et les gaspille ensuite pendant des mois ? La norme, l'oukase administratifs pèsent plus que la nécessité, le bon sens et la démonstration scientifique réunis ! Où est le pouvoir en France ? Dans les mains du fonctionnaire. Le bon formulaire, le coup de tampon idoine, voilà ce que la France ne saurait sacrifier, même devant la plus grande urgence sanitaire. Jean-Thomas Lesueur, le délégué général de l'Institut Thomas More, cite dans *Marianne* la formule de Victor de Broglie, en 1861 : « La France est un pays conquis par son administration. »

« Les statistiques sont muettes ! »

CQFD : la paperasse, les protocoles, les chiffres ont étouffé le bon sens, l'inventivité, l'audace. La seconde fonction de la statistique, abondante et systématique, est donc d'impressionner le public, de l'assourdir comme lors d'un bombardement. Avec toutes ces données allant dans le même sens, la vérité ne peut être que du côté de celui qui calcule, compile, additionne.

Les citoyens sont priés de croire les mauvais chiffres de l'épidémie, puis les bons chiffres du déconfinement, puis les très mauvais chiffres de la deuxième vague. Aucun mensonge, aucun trucage dans ces statistiques, juste la force abusive du matraquage par le vrai, le vrai quantifié et mis à jour – mais ce vrai n'est pas la vérité, il n'en est qu'un masque. La dictature de *L'État de siège*, sous la plume de Camus, ne s'en cache pas : « 100 000 hommes, voilà qui devient intéressant. C'est une statistique et les statistiques sont muettes ! On en fait des courbes et des graphiques, hein ! À partir d'aujourd'hui, vous allez apprendre à mourir dans l'ordre. Une seule mort pour tous. Le destin s'est assagi, il a pris ses bureaux, vous serez dans la statistique. Se mettre en rangs pour bien mourir. Tous suspects, c'est le bon commencement. Je vous apporte le silence, l'ordre et l'absolue justice. J'exige votre collaboration active. »

Le subterfuge de la statistique, ce réflexe de placer des chiffres là où l'on ne peut mettre des idées, poursuit le pouvoir jusqu'aux temps souriants du déconfinement. Le 28 mai 2020, deux mois jour pour jour après son discours sombre et humble sur la première vague, Édouard Philippe présente le premier bilan de la sortie de l'épidémie : « Pour partager en toute transparence les chiffres qui nous permettent de fonder nos décisions et de bâtir notre stratégie, si je devais résumer l'ensemble des données qui vont vous être présentées, je dirais que les résultats sont bons sur un plan sanitaire ; nous sommes là où nous devions être à la fin du mois de mai. » Soudain, il lève le nez de son discours, esquisse un sourire, allume son œil et ajoute : « C'est même mieux que cela, nous sommes un peu mieux que là où nous espérions être. C'est donc une très bonne nouvelle. » La joie du politique n'est possible que si la mathématique l'autorise... Dans *Jeux de massacre*, le fonctionnaire chargé d'annoncer que « la maladie recule, elle recule au galop », illustre cette logomachie du chiffre : « L'administration ne vous a jamais caché la réalité. Aux heures les plus cruelles, nous vous avons montré les statistiques. On ne vous a jamais caché le nombre des morts et des mourants. Nous avons fait tout notre possible pour enrayer la maladie en prenant des mesures austères, voire antipopulaires. Nous n'avons aucune raison de mentir aujourd'hui. » Au contraire, par son écran « chiffré », c'est-à-dire à la fois couvert de nombres et crypté pour le commun des mortels, l'administration cache la réalité, elle l'habille d'une toge mathématique.

Par les statistiques, le fonctionnaire légitime le politique et cache sa propre incurie. Habitué à de telles manœuvres quand il s'agit de dissimuler la hausse du chômage ou de démontrer la baisse des impôts, le citoyen en découvre une version sanitaire, dans les grandes largeurs. Que faire, sinon croire les « indicateurs » et obéir aux décisions qu'en déduisent les politiques ? Expliquer qu'il y eut 1 600 morts par jour tout au long de 2018, et sans aucun virus nouveau ? Rappeler que la Première Guerre mondiale tua 1 000 jeunes Français chaque jour, pendant plus de quatre ans ? C'est une mission impossible, car tout relativisme de l'épidémie est considéré et condamné comme un cynisme, une indifférence aux souffrances des patients et au dévouement des soignants. Tout au long de l'année 2020, les Français doivent constater l'évidence de la statistique et partager la certitude des dirigeants. Face au virus, il faut mourir dans la fatalité. Face aux statistiques, il s'agit d'obéir dans la sérénité. La statistique, c'est l'anesthésiant que nous a inoculé l'administration pour que nous laissions amputer sans broncher le corps social de ses libertés. Pour sauver des vies, bien sûr...

L'État crée de l'État

Les critiques contre l'administration ne sont pas une surprise sous la plume des intellectuels libéraux, elles sont plus inédites lorsqu'elles proviennent des sociologues de l'organisation. Trois d'entre eux analysent, dans *Covid 19, une crise organisationnelle*[1], et expliquent au *Monde* l'incurie française. Olivier Borraz, directeur de recherches au CNRS, rappelle ainsi que, « en juillet 2019, Édouard Philippe met à jour une circulaire de 2012 sur la gestion de crise, mais sans apprendre de la mauvaise gestion de l'ouragan Irma de 2017. Qui plus est, lorsque arrive le Covid-19 en 2020, l'État ne s'appuie même pas sur cette circulaire pour élaborer la réponse ! Mais, au contraire, improvise en créant de nouvelles

1. Presses de Sciences Po, 2020.

organisations. Et, aujourd'hui, on constate qu'aucune leçon n'a été tirée de la gestion de la crise entre mars et mai : à titre d'exemple, l'approche reste centrée sur l'hôpital et continue de négliger tous les autres acteurs du système de soins (cliniques privées, médecine de ville, maisons de soins...). [...] Activée tardivement, la cellule de crise interministérielle se voit immédiatement dotée d'autres cellules qui ne correspondent pas au protocole auquel les responsables de la gestion de crise, dans les ministères, ont été formés et habitués. Ils éprouvent les pires difficultés pour s'y retrouver. Ils ne comprennent pas comment et où se prennent les décisions auxquelles ils ne sont pas associés. » Son collègue Henri Bergeron complète le tableau, et constate que « les signaux d'alerte aux mois de janvier et février ne sont pas interprétés comme suffisamment sérieux par des services qui ont pris l'habitude de menaces s'avérant finalement moins graves que prévu ». Le chercheur ajoute : « Ce qui est paradoxal, c'est la croyance que les problèmes de coordination peuvent être réglés par la création de nouvelles structures. C'est typique de la technocratie française : accorder aux structures, aux organisations, à la technologie un pouvoir de coordination, certainement un peu excessif. Entre autres défauts, nous avons été frappés par cette multiplication d'organisations nouvelles, comme le conseil scientifique, au lieu de s'appuyer sur les structures existantes[1]. »

1. *Le Monde* du 23 octobre 2020.

Le pouvoir de 2020 a de qui tenir : en 1720, face à la peste surgie à Marseille, et qui gagne toute la Provence, le Régent crée un Conseil de santé, clone du Conseil scientifique installé trois cents ans plus tard par Emmanuel Macron. Cette section nouvelle du Conseil du roi est « chargée pour la première fois de coordonner l'action du gouvernement et l'action dans le royaume contre la peste, considérée jusque-là comme une affaire très largement locale ou régionale », cxplique l'historien Vincent Denis. En 1668, alors que la peste née à Londres en 1665 venait d'atteindre la Normandie et la Picardie, l'État royal s'était arrogé les pleins pouvoirs, Colbert désavouant les parlements provinciaux pour décréter un cordon sanitaire : « C'est la première gestion centrale, par un État, d'une épidémie », estime Jacques Attali dans *L'Économie de la vie*[1].

Pourquoi cette manie française de la création d'administrations dans l'administration ? Pour Henri Bergeron, « cela traduit plusieurs choses. D'une part, la volonté, pour le président et son Premier ministre, de ne pas se lier les mains en travaillant avec des organisations existantes. Ils craignaient de se voir imposer les solutions et les routines de ces organisations, voire les intérêts de ces acteurs institués. Ensuite, il existe clairement, depuis l'élection d'Emmanuel Macron en 2017, une méfiance vis-à-vis de la haute administration. Enfin, il y a une défiance vis-à-vis de la gestion

1. *Op. cit.*

de crise, suite à la mauvaise gestion de l'ouragan Irma, imputée à tort ou à raison à la Sécurité civile ». Certes, *l'hubris* libérale de Macron peut expliquer la création d'instances *ad hoc*, à sa main. Mais si le chef de l'État se méfie de cet État, il est paradoxal qu'il le renforce et l'étoffe ! Un président anti-administration aurait, au contraire, décentralisé, voire privatisé la lutte contre la pandémie, en laissant l'initiative de terrain et la « main invisible » de la santé libérale faire ce qu'elles savent faire : être rapides, souples, évolutives, efficaces.

La vérité est ailleurs : l'État crée de l'État, la bureaucratie installe des bureaux. Chercheur au CNRS, Samuel Hayat le confirme : « Les épidémies comme les guerres sont des moments au cœur de la construction de l'État. Celui-ci s'est construit autour d'une série de fonctions qui ont la vie humaine comme centre : il s'est attribué ce double rôle de donner la mort, que ce soit dans le cadre des fonctions de police ou des fonctions guerrières, et de protéger la vie des citoyens. Dans tous ces moments, il y a alors au minimum une opportunité pour les gouvernants de renforcer le pouvoir d'État[1]. » On peut dire que l'État n'a pas manqué l'« opportunité » de la pandémie de Covid-19 pour alourdir sa structure technocratique et étendre son pouvoir sur les libertés individuelles ! Vincent Denis abonde, dans le même journal : « Les épidémies sont

1. *Le Monde* du 24 octobre 2020.

des phases d'accélération, de cristallisation. Ce sont des moments d'expérimentation importants, où l'on élabore des répertoires d'actions policiers et administratifs. On constitue alors dans l'urgence des savoir-faire qui seront par la suite disponibles pour d'autres fonctions : le contrôle des populations, par exemple, et en particulier le contrôle de la mobilité[1]. » On voit aisément comment l'administration pourrait prendre goût à la banalisation des attestations de déplacement, ou aux applications téléchargeables permettant de savoir qui a croisé qui... Aux citoyens et à leurs représentants de veiller demain à ce que le véritable déconfinement soit aussi un moment de désintoxication : il faut sevrer l'État de son addiction au contrôle administratif.

Henri Bergeron, en un couplet attendu de la part du CNRS, tient à défendre l'administration : « Le terme "bureaucratie" n'est pas du tout péjoratif pour nous. Il renvoie à un mode d'organisation qui a sa logique et qui peut se montrer efficace pour gérer tout un ensemble de problèmes. Ce que nous critiquons, c'est le geste technocratique qui consiste à croire que la technologie ou l'organisation suffit à permettre la coordination entre les individus. C'est également cette tendance à penser que l'intendance suivra et donc à négliger les considérations de mise en œuvre, certes moins nobles que la création de structures, de plans stratégiques ou de nouvelles applications... mais qui

1. *Le Monde* du 1er novembre 2020.

s'avèrent pourtant décisives pour l'efficacité des politiques publiques. Nous ne sommes pas sur le terrain de la remise en cause de l'État, de la technocratie, d'une sorte d'État profond mal défini[1]... » Et le chercheur de considérer que « cette crise a été largement gérée par le politique plus que par la bureaucratie ». Conclusion contestable, tant le politique a placé son pouvoir dans les mains de l'expertise médicale et de sa validation administrative, pour les raisons développées au chapitre précédent. Le politique appuie sur les boutons, mais le bureaucrate programme l'ordinateur ! C'est bien l'État profond qui a mené la France à ce cruel échec d'une stratégie funeste : choisir de rogner les libertés pour éviter la catastrophe sanitaire et se retrouver avec des libertés rognées et une catastrophe sanitaire.

La difficulté française à gérer la pandémie illustre la sénescence de notre haute administration de la santé, elle-même évocatrice des impotences de l'État. Un État auquel les Français ne cessent de demander plus de protection et plus d'argent, et qui ne cesse de reculer en termes d'efficacité et de parcimonie. Un État qui n'est jamais aussi performant que quand il laisse faire les acteurs de terrain, oubliant les protocoles hiérarchiques, les normes et la paperasse. Un État néanmoins frappé de pathologie bureaucratique, une maladie aussi nuisible que la Covid.

1. *Le Monde* du 23 octobre 2020.

Dans les hautes sphères de cette administration de la santé, on retrouve, depuis quinze ans, à des postes divers mais toujours proches du pouvoir politique, Jean Castex et Jérôme Salomon, deux des principaux responsables de la lutte contre l'épidémie actuelle. Cela leur confère une indéniable connaissance du système. Est-on sûr que cela les dote d'une véritable compétence pour identifier et corriger les dysfonctionnements ? L'Histoire dira si ce sont Gamelin et Weygand qui ont mené la lutte contre le coronavirus, ou bien Kellermann et Dumouriez, ou encore, rêvons un peu, Murat et Bonaparte…

Chapitre 3

La tyrannie brune des populistes

« À qui profitent toutes ces morts ? »

L'épidémie, nous enseigne l'étymologie grecque, c'est la calamité qui tombe sur (*épi*) le peuple (*démos*). Il est donc logique de voir les populistes s'en emparer pour pousser leurs thèses. Face à un pouvoir qui affirme son autorité, au risque de soulever, s'il est inefficace, la colère des citoyens, la position du populiste apparaît facile : prétendre avoir mis en garde contre la catastrophe, dénoncer les incapables, promettre des châtiments pour les responsables de la crise et les dirigeants défaillants. Voire, pour les complotistes, accuser ce pouvoir ou ses commanditaires d'avoir causé la maladie. Ainsi l'illustre Eugène Ionesco dans *Jeux de massacre* : « Je me demande si cette maladie que l'on qualifie de mystérieuse n'est pas une invention à eux. Et pourquoi l'appelle-t-on mystérieuse ? C'est pour en cacher les causes, les raisons profondes. [...] Qui a intérêt à ce que cette maladie continue ? [...] À qui profitent toutes ces morts ? Il faut chercher à qui cela profite. [...] Nos dirigeants sont des obsédés de la mort, des névrosés obsessionnels. Ils constituent, à eux tous, un régime morbide et décadent. » Cette interrogation délirante, c'est exactement celle du pseudo-documentaire intitulé *Hold-up*, qui remporte un vif succès en ligne au début de novembre 2020, au service d'une thèse : le Forum de Davos entend utiliser l'épidémie, puis la vaccination, pour mettre à exécution un plan d'asservissement de l'humanité. Dans d'autres versions, c'est Bill Gates en personne, ou George Soros, ou le groupe Bilderberg, ou la Trilatérale, qui sont à la manœuvre, avec des buts similaires : inoculer quelque puce électronique avec le vaccin, ficher les populations, contrôler ceux qui voudront bien se soumettre et éradiquer les autres. Pour eux, le virus n'est pas un hasard, ni le vaccin une solution. Leur paranoïa, bien sûr, se colore d'anticapitalisme et, sans tarder, d'antisémitisme. S'appuyant sur des médecins marginaux (comme le professeur Perronne, de Garches), abusant de la naïveté de quelques interviewés (comme l'ancien ministre de la Santé Philippe Douste-Blazy) avant de profiter de relais d'opinion égarés (Sophie Marceau ou Carla Bruni-Sarkozy), *Hold-up* illustre à merveille la mécanique du conspirationnisme : il y a un système qui ment et un peuple qu'il faut dessiller. Le complotiste n'a rien à proposer, il se contente de dénoncer, et prospère sur la délation. Le populiste, lui, accuse tout autant, mais il doit rester dans le cadre de la raison, car il ne veut pas seulement discréditer les dirigeants et détruire le « système », il veut prendre leurs places et imposer le sien.

Il est donc une condition *sine qua non* que les populistes doivent remplir afin de convaincre les citoyens que le pays serait mieux piloté avec eux à sa tête : proposer une politique alternative, des solutions plus efficaces. Qu'il s'agisse de sortir des traités européens, comme l'assène Jean-Luc Mélenchon, ou de fermer les frontières, comme l'exige Marine Le Pen, nulle solution n'a convaincu les Français. Le gouvernement est jugé peu efficace face au virus, mais aucune opposition n'est considérée plus crédible.

Les populistes en sont donc réduits à deux tactiques. La première consiste à se poser en Cassandres *ex post* et à proclamer qu'ils avaient prévu la catastrophe, mais qu'on ne les avait pas écoutés. C'est la position des « jvouslavaisbiendistes », comme les appelle Bernard-Henri Lévy dans *Ce virus qui rend fou*[1]. Contempteurs de l'économie de marché et de la modernité, mais aussi pourfendeurs de la libre circulation des individus, ils érigent l'épidémie en conclusion, voire en châtiment des politiques suivies par les majorités qu'ils combattent. La seconde attitude possible est d'accuser le pouvoir de profiter de l'épidémie pour servir ses

1. Grasset, 2020.

intérêts, cacher ses turpitudes et museler les oppositions. Il s'agit de prouver que le gouvernement, qui prétend œuvrer dans l'intérêt du peuple, travaille en fait à son asservissement. C'est le discours du Premier Orateur dans *Jeux de massacre* : « Chers concitoyens, [...] j'ai enfreint les ordres qui s'opposaient à cette réunion et vous êtes venus en grand nombre au nez et à la barbe de nos dirigeants actuels. On veut nous enfermer dans nos demeures et dans notre angoisse. Sous le prétexte d'une maladie qui sévit parmi nous [...], on nous immobilise, on nous empêche d'agir, on nous paralyse, on nous possède, on nous détruit. [...] Ils veulent nous empêcher de nous révolter sainement, ils veulent nous empêcher de formuler nos justes revendications, ils veulent nous empêcher de nous grouper, ils nous isolent pour nous rendre impuissants et que le mal nous frappe. »

Le 17 avril 2020, à la tribune de l'Assemblée nationale, Jean-Luc Mélenchon théorise, non sans force prophétique sur la deuxième vague, cette volonté d'envoyer le peuple au casse-pipe pour se débarrasser de son opposition : « Voici venu le moment des injonctions odieuses. Les travailleurs vont aller sur leur poste de travail sans qu'on leur garantisse qu'ils aient un masque pour se protéger. La deuxième vague de l'épidémie est inéluctable et sera d'autant plus violente que les conditions n'auront pas été réunies pour réussir le déconfinement. En crise sanitaire, c'est la mobilisation populaire qui est la clef. Comme toujours, le peuple n'est pas le problème, il est la solution. » Son but est affiché : dresser les foules contre ce pouvoir incapable et inconséquent tant il leur fait courir de risques. Marine Le Pen, le 29 avril 2020, est moins inspirée : « Le confinement a été un échec. Les Français sont responsables, il faut arrêter de les culpabiliser. » Elle se trompe : le confinement a été un succès, parce que les Français se sont montrés responsables, donc soumis. C'est ensuite, face aux imprudences de la rentrée, que les gouvernants ont tenté de culpabiliser les Français, notamment les plus jeunes.

Les populistes ne sont pas dupes d'eux-mêmes, ils savent bien que leur valeur ajoutée comparative, face au pouvoir en place, est faible, car l'épidémie est plus forte que les partis. C'est pourquoi, en attaquant les dirigeants, ils visent plus loin. Leur combat est moins politique qu'idéologique, il entend préparer un terrain d'affrontement pour l'après-pandémie, quand l'efficacité face au virus ne sera plus le critère majeur des choix électoraux.

« Les médecins inventent des maladies »

Le premier des populismes, mais aussi le plus mince, se dresse contre la science. Dans *Rhinocéros*, Jean, qui mue lentement en « périssodactyle à une ou deux cornes », s'oppose ainsi à Bérenger :

JEAN

Je ne veux pas faire venir le médecin. Je me soigne tout seul.

BÉRENGER

Vous avez tort de ne pas croire à la médecine.

JEAN

Les médecins inventent des maladies qui n'existent pas.

BÉRENGER

Cela part d'un bon sentiment. C'est pour le plaisir de soigner les gens.

JEAN

Ils inventent les maladies, ils inventent les maladies !

BÉRENGER

Peut-être les inventent-ils. Mais ils guérissent les maladies qu'ils inventent.

Ce populisme-là n'a pas duré longtemps, balayé par l'évidence des hôpitaux débordés. Mais il chemine sous les braises, il explique que le virus a été fabriqué par tel laboratoire obéissant à ses financeurs, ou bien par telle puissance étrangère. Et il reviendra, virulent et populaire, quand il s'agira de vacciner les populations. Ceux qui doutent de la science pendant l'épidémie s'opposeront à la science après l'épidémie.

« Le concerto montebourgeois »

Le populisme le plus répandu au printemps tente de tordre le cou à l'économie de marché, libérale et mondialiste, en l'accusant d'avoir favorisé les conditions d'apparition du virus, puis d'avoir facilité sa dispersion autour de la planète, enfin d'avoir annihilé les capacités de lutte des pays européens en les rendant dépendants des importations de masques, de tests ou de produits anesthésiants. À cet anticapitalisme, il est facile de rétorquer que c'est la crise du capitalisme qui tue, et sa prospérité qui sort les peuples de la misère et allonge l'espérance de vie. Dans *The Lancet*, l'essayiste Édouard Tétreau trouve ce chiffre édifiant : la crise de 2008 a causé une surmortalité de 500 000 décès, en stoppant la spirale vertueuse du profit, qui enrichit les riches, mais sauve les pauvres. Dans *L'Express*, Johan Norberg, un économiste suédois membre du groupe des « nouveaux optimistes », remet les pendules capitalistes à l'heure : « Depuis la chute du mur de Berlin, on a assisté à une baisse spectaculaire de l'extrême pauvreté : la part de la population mondiale vivant avec moins de 1,9 dollar par jour est passée de 36 % à 10 %. En dépit de l'augmentation de la population, 140 000 personnes sortent de l'extrême pauvreté tous les jours. Sur la même période, les taux de mortalité liés aux maladies transmissibles ont été divisés par deux. La mortalité infantile a plus que diminué de moitié, ce qui signifie que la vie de 6 millions d'enfants est sauvée chaque année. L'espérance de vie a continué sa progression spectaculaire, passant de 65 ans en 1990 à 72 ans en 2016. Les épidémies ont toujours existé. Pour la première fois, l'humanité a une chance d'en limiter une au maximum[1]. » Autant de vérités qui tiennent dans une seule : l'économie de marché est le régime le plus efficace contre la pauvreté, et le mieux à même de protéger les gens contre les épidémies, même si ses excès fragilisent sans nul doute l'humanité face au surgissement et à la circulation des virus.

En France, néanmoins, le procès récurrent du capitalisme n'est pas achevé, et il ouvrira à nouveau ses audiences lors de la présidentielle. La France insoumise escompte bien réunir les électeurs de gauche et écologistes au banc des témoins à charge : la pandémie de Covid-19 est advenue à cause de l'économie mondialisée, qui a été incapable d'en protéger les peuples et voudrait leur faire payer le prix de la crise par une rigueur nouvelle. Que l'argent public ait coulé à flots, surtout en France, pour amortir le choc social, échappe aux anticapitalistes. Et que ce soient les grands laboratoires privés, qu'ils aiment réduire au « Big Pharma » dans leur argutie complotiste, qui mettent au point les premiers vaccins en des temps records, ne les trouble pas plus. En plein déconfinement, le 19 mai 2020, au Sénat, Claude Malhuret moque « le docteur Mélenchon, de la faculté de médecine de La Havane », et fait

1. *Op. cit.*

un sort à ce populisme ringard : « Beaucoup préfèrent Robespierre à Tocqueville et avoir tort avec Sartre que raison avec Aron, c'est toujours le libéralisme qui porte le chapeau. La Covid n'est pas une maladie de la mondialisation, c'est une maladie tout court. »

Le procès anticapitaliste se trompe de cible parce qu'il veut jeter le bébé avec l'eau du bain. Plutôt que de porter un regard critique sur les excès de la mondialisation libérale, sans doute pas étrangers aux dérégulations qui facilitent les épidémies, ils veulent la détruire, alors qu'elle est bénéfique à l'humanité, même si elle compte des profiteurs et des perdants. Mais les tenants de ce populisme ne parviennent pas à enclencher leur mécanique révolutionnaire, pour deux raisons : parce que les citoyens constatent que la solidarité fonctionne ; parce que leurs propres solutions, bureaucratiques et centralisées, sont inopérantes, l'Histoire l'ayant largement illustré et les lourdeurs de l'administration face au coronavirus le prouvant une fois de plus. Le centriste Jean-Louis Bourlanges écrit : « Un retour irréaliste aux stratégies nationales autocentrées conduirait inévitablement à retirer aux entreprises le pouvoir de prendre les décisions microéconomiques les plus décisives du pays et à les transférer à la haute fonction publique. Je ne vois pas que les princes de l'intérêt général, si compétents soient-ils, soient en situation de jouer les chefs d'orchestre de l'économie réelle et de régler comme dans les années 1950 le bal des investissements au sein de l'entreprise France. La symphonie du nouveau monde ne doit surtout pas être un concerto montebourgeois[1]. » Tous ceux qui ont prôné plus d'État, voire le Tout-État, lors de la pandémie, ont trouvé en face d'eux des peuples qui contemplaient un État déjà omniprésent, impotent et en retard d'une guerre, malgré les sommes colossales qu'il dépensait. Les citoyens de 2020 ne s'enivrent plus des liqueurs marxisantes distillées dans les alambics fêlés de la mélenchonie.

Poussée à l'extrême, la haine du libéralisme aboutit aux errances de Monique Pinçon-Charlot dans le film complotiste *Hold-up*. Contemptrice récurrente, avec son mari, du capitalisme et de ses castes, elle y affirme que, dans un « holocauste », il s'agit avec la pandémie d'« éliminer la partie la plus pauvre de l'humanité, parce que les riches n'en ont plus besoin ». Délire paranoïaque, et même stupidité illogique : en procédant par raisonnement cynique, si le capitalisme supprime ainsi les plus démunis, où trouvera-t-il sa main-d'œuvre à bon marché et ses futurs consommateurs ? En réalité, le populisme anticapitaliste mène au conspirationnisme comme le marxisme anticapitaliste menait au totalitarisme : par l'enclenchement mécanique des rouages de la bêtise. C'est ainsi que Monique Pinçon-Charlot, justifiant sa présence dans *Hold-up* tout en se détachant du documentaire complotiste, finit par se défausser sur… le président de

1. *Op. cit.*

la République : « Un tel fourvoiement relève aussi de la responsabilité de Macron et du gouvernement, dont la gestion chaotique de cette crise sanitaire favorise les fantasmes d'un trouble bien réel face à une situation sociale et économique très préoccupante. » Bref : s'il y a du complotisme, c'est à cause... des comploteurs !

Le « monde d'après » n'est pas dans le rétroviseur

Certaines critiques de l'économie libérale mondialisée évitent les marécages des *fake news* comme les ornières poussiéreuses du trotskysme de grand-papa. Dans une tribune planétaire diffusée le 6 mai 2020, des célébrités charismatiques – de Madonna à Juliette Binoche en passant par Cate Blanchett – réfléchissent à la « méta-crise » dont l'épidémie n'est qu'un symptôme, annonciateur de l'effondrement écologique : « Nous appelons donc solennellement les dirigeants et les citoyens à s'extraire de la logique intenable qui prévaut encore, pour travailler enfin à une refonte profonde des objectifs, des valeurs et des économies. Le consumérisme nous a conduits à nier la vie en elle-même : celle des végétaux, celle des animaux et celle d'un grand nombre d'humains. La pollution, le réchauffement et la destruction des espaces naturels mènent le monde à un point de rupture. Pour ces raisons, jointes aux inégalités sociales toujours croissantes, il nous semble inenvisageable de "revenir à la normale"[1]. » On ne sait trop si la « normale » consiste en une économie de subsistance qui a donné les famines moyenâgeuses, ou s'il s'agit de réveiller le Gosplan et le Grand Bond en avant, avec leurs hécatombes respectives, mais il faut noter que l'exigence d'un *aggiornamento* s'appuie sur un objectif moderne, l'écologie, et non plus la dictature du prolétariat ou la nationalisation des moyens de production. Ce manifeste est-il néanmoins l'acte de naissance d'un « écolopopulisme » ? Ce serait faire un mauvais procès à ces militants, qui prônent une nouvelle citoyenneté, planétaire et environnementaliste, mais ne prétendent pas être « le peuple ».

À l'occasion de la pandémie, il semble même que l'écologie délaisse la repentance et l'accusation pour regarder vers l'avenir : si le concept de « monde d'après » nous débarrasse des réquisitoires de Greta Thunberg, ce sera toujours ça de gagné… Parmi les cent résolutions rédigées par Nicolas Hulot, la plupart sont au mieux poétiques, au pis naïves, mais elles ne menacent pas la démocratie. Et, parmi les cinq propositions qu'il met en avant, la critique du libre-échange et des politiques budgétaires vise une accélération de la transition écologique, non une régression de la qualité de vie. De ces écologistes-là, on ne peut pas dire, comme Malhuret le fait à l'encontre des réactionnaires verts, que « leur besace ne contient que la

1. *Le Monde* du 6 mai 2020.

poussière du prêt-à-penser qu'ils ressassent depuis des décennies ».

Le danger d'un populisme vert demeure néanmoins réel, parmi ceux qui regardent l'avenir dans le rétroviseur. D'abord, parce que leur ordonnance pour guérir la planète ressemble à une liste d'interdits, à l'inventaire déprimant de tous les plaisirs qu'il faut rayer de l'existence. Il y a, derrière cette écologie punitive et moralisante, une tentation réactionnaire et un fumet de haine de soi. Que l'Homme maltraite la planète, et en paie les conséquences, est une évidence. Que la nature se soit vengée de l'humanité en lui concoctant un coronavirus bien pernicieux est une stupidité. « *Deus sive natura* », disait Baruch Spinoza – « Dieu, c'est-à-dire la nature ». Aujourd'hui, il faut dire « l'Homme, c'est-à-dire la nature », parce que l'Homme nuit à l'Homme en maltraitant l'environnement. Pour autant, aucun âge d'or, aucun rebrousse-temps rousseauiste n'est crédible. L'économiste suédois Johan Norberg et l'école des « nouveaux optimistes » le démontrent : « Oui, nous avons sans doute trop empiété sur l'habitat des animaux sauvages. Mais la solution n'est pas d'idéaliser un mode de vie passé et jugé naturel. Au contraire, la seule façon de préserver la vie sauvage, c'est l'agriculture moderne, y compris les OGM, car c'est ce qui permet de réduire les surfaces agricoles et autorise la reforestation, comme en Europe. Pour pouvoir nourrir la population actuelle avec les techniques des années 1950, il aurait fallu convertir en surfaces agricoles trois milliards d'hectares, soit la taille des États-Unis, du Canada et de la Chine réunis. Plutôt qu'un retour dans un passé fantasmé, il vaut mieux parier sur l'innovation et une révolution verte dans les pays pauvres[1]. »

Position iconoclaste, loin des sentiers battus de la culpabilisation occidentale, et pourtant fondatrice d'un nouvel humanisme, positiviste et optimiste : les solutions pour demain se trouvent dans les éprouvettes et les ordinateurs, pas dans les grimoires ; elles se nichent dans les cerveaux des chercheurs, pas dans les larmes des pénitents. Seul le progrès bâtira l'avenir, le « regrès » ne pouvant mener qu'aux fléaux du passé : famines, misères et… épidémies. De la même manière, face aux populismes souverainistes, qui veulent dresser des frontières pour bloquer les migrants et les échanges, sous prétexte d'arrêter le virus, il faut rappeler quelques évidences. D'abord, que « l'économie fermée et administrée, qui naît souvent des crises, a toujours échoué », comme l'écrit Mathieu Laine. Et il ajoute : « En son terreau putride, terrain des démissions, sont nés tous les fascismes, les autoritarismes, les vies sans liberté[2]. » En effet, limiter la liberté de circulation et de commerce, c'est lancer l'engrenage de la suppression de toutes les libertés. Les extrémistes des

1. *Op. cit.*
2. *Le Figaro* du 26 mai 2020.

nations occidentales veulent interdire les migrations pour bloquer les virus, mais si la pauvreté ravage le Sud dans un monde sans échanges, les nations occidentales subiront les migrations et les virus, qu'aucune frontière étanche n'a jamais arrêtés.

Face aux pandémies, le repli sur soi est un réflexe à court terme, mais il est une erreur à long terme. La Grande Peste du XIVe siècle a poussé l'Empire mongol à retourner vers ses terres – il a entamé son déclin. Elle a entraîné un renfermement du monde musulman – il a cessé d'inventer et de progresser. Elle a incité l'Europe occidentale à rejeter les autres civilisations – elle s'est avancée vers la guerre de Cent Ans, suivie d'un siècle de guerres de religion. « Au XVe siècle, ajoute Johan Norberg, la dynastie Ming suspendit les explorations maritimes, et la construction de grands navires fut même passible de la peine de mort. Résultat : la Chine n'a pas bénéficié des innovations technologiques et des avancées scientifiques qui ont eu lieu ailleurs. Au fond, elle a ainsi perdu cinq cents ans[1]... »

La mondialisation nous vaccine

Là encore, les excès de la mondialisation ne seront pas corrigés par un arrêt de la mondialisation, mais par son amélioration, sa croissance intelligente, son développement durable. Même pour lutter contre

1. *Op. cit.*

les virus, la mondialisation est vertueuse, car nous ne sommes plus au XVIe siècle, quand les explorateurs, les conquistadors et les missionnaires apportaient la mort microbienne sur les continents investis. « En 2019, rappelle Norberg, des chercheurs des universités d'Oxford et de Tel-Aviv ont ainsi prouvé que des interactions fréquentes entre les populations augmentent notre résistance à des souches inconnues. La mobilité est une vaccination naturelle, selon l'épidémiologiste Robin Thompson[1]. » Par ailleurs, c'est la mondialisation de la science qui permet la lutte rapide contre la Covid-19. Les savants chinois ont accompli en une semaine le séquençage du génome du virus, leurs homologues allemands ont mis au point dès février 2020 un premier test de dépistage. Le plus avancé et innovant des vaccins a vu des chercheurs turcs employés par une société allemande apporter leur découverte à une firme américaine… Si des vaccins efficaces sont inoculés en masse vers le milieu de l'année 2021, l'humanité aura battu tous ses records de vitesse dans la lutte contre un virus, grâce à la mondialisation et à ses deux réacteurs : la solidarité et la compétition.

Le rejet de la science et de son écosystème va s'amplifier à l'arrivée des vaccins. Et pas seulement par les délires de ceux qui pensent qu'on va nous inoculer une puce de traçage informatique lors de la piqûre. La

1. *Ibid.*

flambée boursière provoquée par l'annonce des conclusions positives des essais menés par Pfizer montre bien l'ampleur de l'enjeu. Derrière la compétition scientifique et la bataille entre les laboratoires s'avancent le redémarrage de l'économie et donc l'actualisation des rapports de force géopolitiques. Une réaction en chaîne qui nourrit le raisonnement complotiste : l'épidémie et sa résolution enrichissant certaines firmes et certains acteurs du marché, pourquoi ces spéculateurs n'auraient-ils pas fomenté tout cela ? Le concept paranoïaque et infondé de « Big Pharma » va se renforcer avec la prochaine vaccination.

C'est pourquoi la remise en question du libre-échange et de la mondialisation se poursuivra après la fin de l'épidémie, au nom du principe de précaution, toujours mal interprété. Puisque nous avons manqué de masques, de tests, de respirateurs et d'anesthésiants, fabriquons en France, désormais, nos masques, nos tests, nos respirateurs et nos anesthésiants. Cette musique du « relocalisons tout ! » sera à n'en pas douter l'une des rengaines de la présidentielle. Mais, produits dans chaque pays, les masques seraient plus chers pour chacun ; les respirateurs moins performants car privés de certains composants trop complexes à fabriquer ; et les substances chimiques indispensables, frappées par une spéculation folle. La bonne mondialisation est celle qui garantit à chacun d'obtenir quand il en a besoin les produits dont il a besoin. Personne ne supportera de payer des sommes exorbitantes, à grand renfort d'impôts, pour constituer des stocks de matériels ne servant qu'une fois tous les vingt ans.

Pour une mutualisation européenne

De même, et le populisme antilibéral va jusque-là, il est stupide et démagogique de promettre vingt ou trente mille lits de réanimation, disponibles en permanence, puisqu'ils seraient vides dix-neuf ans sur vingt ! D'autant que les fléaux se suivent et ne se ressemblent pas : l'an prochain, c'est peut-être de camions de pompiers pour lutter contre des incendies géants dont manquera cruellement la France, et, l'année suivante, de pompes à eau pour limiter les dégâts d'inondations. La relocalisation de tout, tout le temps, est une lubie. L'idéologie qui confond la souveraineté avec le souverainisme est le plus funeste et démagogique des populismes. La reconquête de l'indépendance indispensable face aux fléaux éventuels, l'assurance de l'autonomie, passent pour la France à l'échelle européenne. Que les Vingt-sept se partagent la fabrication de l'essentiel, et s'engagent à une solidarité performante et désintéressée en cas de catastrophe, telle est la bonne solution. Vive la mutualisation européenne !

Ce « tous pour un, un pour tous » est d'évidence la voie appropriée à nos capacités économiques, à la répartition des compétences. Reprocher à l'Europe de n'avoir pas empêché l'épidémie, ni coordonné les ripostes hospitalières, alors que les États ont toujours refusé de confier à l'Union la politique de santé, relève de l'hypocrisie. Accuser Bruxelles de manquement à la solidarité, alors que pour la première fois l'UE s'endette en son nom pour renflouer ses membres, relève du mensonge. Tenter de détruire la construction édifiée avec patience, douleur et errance depuis le traité de Rome relève du populisme réactionnaire.

La vérité est que l'Europe, débarrassée du boulet britannique, maltraitée par les États-Unis et convoitée par la Chine, a peut-être vécu en 2020 l'an 1 de son nouveau destin. « On pouvait craindre le pire, estime l'ancien député européen Jean-Louis Bourlanges. On n'a pas eu le meilleur, mais presque. [...] Les États et les institutions de l'Union européenne se sont mis d'accord dans des délais inhabituellement convenables pour flexibiliser leurs règles budgétaires, adapter leurs politiques circulatoires et faciliter l'exercice de la solidarité financière[1]. » Les populistes qui ont exigé l'arrêt de l'Europe et prophétisé sa fin, pour restreindre notre liberté de circuler et d'échanger au nom d'un nationalisme faussement protecteur, ont subi pendant l'épidémie une cuisante défaite.

1. *Op. cit.*

« Un cochon d'Inde dans le foin de sa cage »

Un dernier populisme s'est déployé à l'occasion du confinement de mars 2020, un populisme sournois et émollient : celui qui veut mettre fin à la valeur travail. Avec le chômage partiel, perçu comme l'élargissement illimité des congés payés, la RTT à volonté, est apparue l'idée que le « boulot », ce mal nécessaire, pouvait être éradiqué en ouvrant les vannes de l'argent public. Pour certains, le confinement revient à être payé à ne rien faire, alors qu'il consiste à creuser le déficit de l'État sans accroître la richesse nationale. « Il y a de quoi être troublé par l'attitude d'une partie de la population qui trouve confortable la situation consistant à recevoir son salaire sans contrepartie et qui n'est pas du tout pressée de retourner au travail, s'inquiète le philosophe Marcel Gauchet. Il s'est creusé une profonde division culturelle dans le pays, entre une France très attachée à la valeur travail et très désireuse en la circonstance de renouer au plus vite avec son emploi, et une autre France qui a fait des loisirs son idéal existentiel. La crise sanitaire n'a fait qu'exacerber ce partage. C'est devenu une composante non négligeable des clivages politiques[1]. » Ce clivage recoupe la césure entre les formations populistes et les partis de gouvernement. Les premières n'introduisent jamais dans leurs discours la notion d'effort collectif à accomplir, les seconds le font – à bas bruit, certes,

1. *Le Journal du Dimanche* du 24 mai 2020.

tant c'est impopulaire. L'inquiétude de Marcel Gauchet entre en résonance avec celle du front libéral, que représente Mathieu Laine, lequel écrit deux jours plus tard : « Que sommes-nous devenus, repliés sur nous-mêmes, en un temps si étrange où l'héroïsme a pu consister, pour freiner une épidémie, à rester chez soi, le salaire nationalisé, tel un cochon d'Inde dans le foin de sa cage ? La situation interroge quand certains finissent par trouver confortables nos nouvelles servitudes et quand d'autres se réjouissent d'une revanche de la nature ou d'une décroissance si fulgurante qu'ils n'osaient la rêver. [...] L'État peut bien payer, l'argent devenant magique[1] ! »

« Le bonheur à la portée de tous »

Néanmoins, l'État qui aujourd'hui paie et s'endette n'est pas dirigé par des populistes, mais par des réformateurs raisonnables. Car le populisme pénètre les administrations et ressort par la bouche des ministres. Parce que le pouvoir restreint les libertés au nom de la bataille contre le coronavirus, il prétend en assumer toutes les conséquences et en éponger les dégâts. Illusion d'optique, puisque c'est le contribuable de demain ou d'après-demain qui fournira l'argent versé au contribuable d'aujourd'hui, qu'il soit salarié au chômage partiel ou commerçant indemnisé. Le gouvernant moderne n'a plus le courage de simplement

1. *Le Figaro* du 26 mai 2020.

promettre du sang et des larmes, il se doit de garantir « en même temps » transfusion permanente et gratuité des mouchoirs... Eugène Ionesco a aussi brossé ce populisme-là dans *Jeux de massacre*, quand un politicien proclame : « Nous changerons tout. Sinon tout, au moins une grande partie des choses. Nous allons alléger les charges fiscales. [...] Non seulement nous paierons beaucoup moins d'impôts, mais nous relèverons les salaires des ouvriers et nous allégerons les charges qui pèsent sur les petits commerçants. Les grands patrons ne peuvent conserver en bon état de marche leurs entreprises, à cause d'une fiscalité excessive. » On croirait entendre Emmanuel Macron... Et l'actuel pouvoir réapparaît quelques lignes plus loin, dans son attachement à tenir les élections municipales, une fois le déconfinement réussi : « Dès la cessation de l'épidémie, nous devrons tous courir aux urnes, car nous voulons agir dans la légalité. » Puis l'on tourne quelques pages, et c'est soudain Jean-Luc Mélenchon ou Marine Le Pen, qui semble prendre la parole : « Je vous promets le bonheur dans la prospérité, dans une société de consommation améliorée et qui aura les avantages de la pauvreté sans en avoir les inconvénients. Le bonheur à la portée de tous. »

Tel est le paysage politique « coronavirussé » : la France s'avance vers une élection présidentielle où s'affronteront deux factions inquiétantes : d'un côté, le camp populiste, sécuritaire et démagogique, qui promettra moins d'efforts et plus de contrôles, tyrannie inéluctable ; de l'autre, le camp libéral, qui aura rogné nos libertés pour lutter contre le coronavirus et n'osera pas nous présenter la facture de la crise économique qu'il aura causée par ses dépenses sans frein, tout en préparant l'inévitable rigueur, tyrannie imperceptible. Vous avez dit « jeu de massacre » ?

Chapitre 4

La tyrannie blanche des médecins

Et surtout, la santé !

Avons-nous subi un putsch médical ? Sommes-nous en train d'assister à un nouveau « complot des blouses blanches », version « démocraties du XXIe siècle » ? Aucun Folamour, heureusement, n'a surgi pour prendre la tête du pays et nous emmener par sa démence vers un cataclysme fatal. Mais en France, comme en Allemagne, en Suède ou même aux États-Unis, des figures ont surgi, frappées du caducée, pour exprimer des avis « faisant autorité », être associées aux décisions et, de plus en plus, « exiger des mesures ». Le pouvoir s'est abrité derrière l'avis médical pour imposer ses décisions à l'opinion et se protéger des suites judiciaires de ses actes. Mais le médical, ainsi promu par le politique, profite de l'aubaine pour avancer sur trois fronts. D'un côté, il agit en corporation pour améliorer ses émoluments et ses conditions de travail – combat légitime s'il en est. D'un autre, il tente de s'installer durablement dans le processus de décision, d'instaurer un « principe de précaution sanitaire » appelé à survivre à cette pandémie et qui voudrait que rien ne s'enclenche plus dans notre démocratie sans l'aval du médecin. En conséquence, il espère, demain plus qu'hier, régir la société, en fixant les règles de notre vie collective, afin de créer une sorte d'ordre sanitaire, où l'hygiène et la santé commanderaient nos existences.

Dans *SOS bonheur*, une bande dessinée publiée dans les années 1980, en plusieurs épisodes, l'illustrateur Griffo et le scénariste Jean Van Hamme consacrent le chapitre intitulé « À votre santé ! » à la description d'un totalitarisme médical parfait. La police médicale sonne chez les gens pour vérifier leurs installations électriques, s'assurer qu'ils ont bien regardé le bulletin météo obligatoire, ou les sommer de porter un gilet si la température est en baisse. Dans les restaurants, on mange ce qui est fixé par son régime personnalisé, défini par l'assurance médicale unifiée ; les lieux de vacances sont attribués aux familles par l'État, en fonction du besoin d'iode des enfants. Le médical tout-puissant impose ses slogans dans l'espace public : « Le courant d'air est l'ennemi du genre humain » ; « La santé est votre bien le plus précieux » ; « Avez-vous pensé à prendre votre température ce matin ? » ; sur un banc public apprécié des amoureux est même gravé : « Un baiser = un million de germes. Songez-y ! » L'héroïne de ce conte effrayant décide de résilier son assurance médicale, ce qui est permis, mais interdit d'avoir ensuite recours à tout soin médical, à tout médicament, à toute hospitalisation. Elle arrache son masque obligatoire en criant : « Respirer, enfin ! » Mais quand son enfant tombe malade, elle est désarmée, son mari tentant vainement d'acheter des remèdes au marché noir…

Cauchemar impossible ou vision futuriste, que cette société où la solidarité et la soumission ont fusionné, où l'une ne peut aller sans l'autre ? Le plus édifiant est le propos d'un médecin : « La liberté est devenue une forme d'hérésie qui doit être découragée pour le bien de tous. » Oui, dans la recherche de l'intérêt général, les médecins prônent la limitation des libertés de chacun, comme aujourd'hui. Dans notre monde réel et contemporain, hors de question, bien sûr, de ne pas soigner ceux qui auraient enfreint les règles, et la France refusera toujours la non-assistance aux personnes qui se sont mises elles-mêmes en danger. Mais de tels contrats, en décharge de responsabilité, surgiront peut-être demain, en toute légitimité : celui qui refusera d'être vacciné contre le coronavirus ne sera-t-il pas assigné à résidence, ou privé de cinéma et de restaurant, ou déremboursé s'il tombe malade ? Et de telles sanctions ne seront-elles pas justifiées ?

« Le métier le meilleur de tous »

Sans aller jusqu'à ce despotisme blanc, les médecins de 2020 prennent d'abord l'ascendant sur les politiques, tétanisés à l'idée de signer un décret qui ne soit pas tamponné par la Faculté. Ensuite, ils circonviennent l'opinion, en imposant dans les esprits leurs chiffres et leur vocabulaire, les taux d'incidence et les gestes barrières. Les médecins correspondent aux deux exigences des chaînes d'information : l'expertise et l'émotion. En quelques semaines, un escadron de toubibs envahit les plateaux, apportant démonstrations scientifiques et récits d'agonies. « Ils m'ont fait médecin malgré mes dents », s'étonne Sganarelle dans *Le Médecin malgré lui* ; « Ils m'ont fait chroniqueur vedette », dirait-il aujourd'hui. Et ils y prennent goût : « Je trouve que c'est le métier le meilleur de tous : car soit qu'on fasse bien, ou soit qu'on fasse mal, on est toujours payé de même sorte », poursuit Sganarelle, en un édifiant parallèle entre le médecin de son époque et l'expert télévisuel d'aujourd'hui… Parce qu'ils savent de quoi ils parlent, et parce qu'ils ont vu ce qu'ils racontent, ces praticiens sont écoutés et crus. Un peu comme s'ils cumulaient l'expérience des reporters de guerre et le savoir des géopolitologues. Les titres les plus prisés dans les studios sont « épidémiologiste » et « chef du service réanimation », si possible dans un grand hôpital. Sauf que, au bout de quelques semaines, les

« reporters » se disputent et les « géopolitologues » se contredisent.

Les sept guerres des savants

« Je sais, écrit Bernard-Henri Lévy dans *Ce virus qui rend fou*[1], que le monde de la recherche est une *Kampfplatz*, un champ de bataille [...] ; je sais que les écoles, les hypothèses, les opinions, ont pour habitude de se contredire les unes les autres et de ne jamais prétendre avoir gagné que le temps d'une courte pause où les adversaires agitent le drapeau blanc d'une main tandis qu'ils rechargent, de l'autre, leur mitraillette expérimentale ; je sais, en un mot, qu'écouter *ceux qui savent*, si c'est bien de scientifiques que l'on parle, c'est écouter une pétarade perpétuelle et, quand on est un État, inviter la foire à la table du roi. » Avec la Covid-19, la pétarade monte d'un ton. Les médecins sont déchirés par une guerre, et même par sept guerres.

La première est celle de l'auscultation : ils ne sont pas d'accord sur la maladie qu'ils découvrent, ses modes de contagion, ses symptômes, ses évolutions. La deuxième est celle de la protection : face à la pandémie, ils ne préconisent pas les mêmes attitudes aux Français. La troisième est celle de la prophylaxie : le pouvoir, avide d'avis, est vite noyé sous les stratégies

1. *Op. cit.*

contradictoires prônées par les toubibs, depuis l'âge à partir duquel il faut porter le masque jusqu'à la bonne heure pour démarrer un couvre-feu. La quatrième est celle des églises : les producteurs d'études et d'articles affrontent les partisans de l'expérience de terrain, c'est l'éprouvette contre la perfusion. La cinquième est celle des chapelles : qui a travaillé avec qui, qui a trahi qui, qui est disciple de qui ? La sixième est celle des médailles : les mandarins titrés, membres des académies et des hauts conseils, souvent politiques et parfois ex-ministres, contre les stars des télévisions et des librairies. La septième est celle des philosophies : jusqu'où faut-il prolonger une vie ? Comment ne pas ruiner l'avenir des générations futures si l'on demande au pays de s'arrêter pour offrir quelques années de vie supplémentaires aux plus âgés ? Cette dernière guerre, ancienne, est néanmoins encore larvée, mais les médecins ne pourront l'éviter après l'épidémie. S'ils veulent conserver leur pouvoir sur la société, à côté ou à la place des politiques, ils ne pourront pas se défausser des responsabilités qui vont avec.

Le triomphe de d'Alembert

Arrêtons-nous sur quelques-unes de ces guerres. La quatrième, celle de l'« expérience » contre la « littérature », comme la décrit Didier Raoult, celle qui met en scène « les cas contre les codes », comme la résume BHL, rappelle le débat qui enflamma l'Académie de médecine en 1837. D'un côté, nantis d'outils mathématiques nouveaux, se tenaient ceux qui voulaient utiliser la statistique, les « méthodes numériques », pour soigner la population avec plus d'efficacité, en tentant de prédire la circulation des maladies et l'efficacité des prophylaxies. De l'autre, forts de leur humanisme, se dressaient les partisans d'une médecine pensée comme un art, appuyé sur un colloque particulier entre le soignant et son patient. Cette guerre, jamais éteinte, est relancée par le coronavirus.

La septième guerre, la plus fondamentale, déborde les cabinets médicaux et les salles de réunion, elle interroge la société tout entière. Savoir qui il faut sauver et qui il faut sacrifier, détruire des existences après-demain ou laisser mourir des humains aujourd'hui, ce « choix de Sophie », ce dilemme cornélien est aujourd'hui à vif, quand on hypothèque l'avenir des jeunes pour accorder un sursis aux vieux. En 1760, le mathématicien Daniel Bernoulli pose le premier modèle de vaccination contre la variole, en démontrant que l'inoculation d'une souche dite « affaiblie » à toute la population prolongerait l'espérance de vie générale de trois années, les morts évitées par le vaccin compensant largement les décès provoqués par ses effets secondaires, nombreux car les techniques sont encore très frustes. Jean d'Alembert, mathématicien lui aussi, se dresse avec véhémence contre un tel calcul, reprochant à son collègue d'oublier le facteur affectif : comment des parents pourraient-ils prendre le risque de tuer leurs enfants pour le seul espoir de les protéger d'une éventuelle variole, plus tard? Entre le risque qu'une société est prête à courir pour l'intérêt général futur et ses conséquences immédiates, entre le bénéfice à long terme et le coût à court terme, choisir est ardu. Un pays puissant, qui considère ses citoyens comme des soldats, privilégie l'horizon; un pays attentionné, qui regarde ses habitants comme des enfants, priorise l'instant présent. Il est évident, l'affaire de la Covid-19 le prouve, que la France est aujourd'hui ralliée à d'Alembert. Le regrettera-t-elle demain? Ce débat, perçu comme indécent lors de la première vague, a obtenu un bref droit de cité lors de la deuxième. Si aucun vaccin ne s'impose, si le virus est appelé à nous poursuivre de longues années, la dispute s'ancrera vite au cœur de la société. Encore faudra-t-il que les politiques l'arrachent aux médecins et recouvrent leurs droits en même temps que leur courage.

Du « cela est » au « tu dois »

Car la véritable « révolution coronavirienne » est ici : l'écharpe tricolore est assujettie à la blouse blanche. Il faut « dissoudre ce conseil scientifique d'augustes augures individuellement respectables, mais dont les avis souvent liberticides, rarement unanimes et toujours incertains, n'ont pas produit de résultats très probants, exige l'essayiste Édouard Tétreau à la veille du déconfinement[1]. La France

1. *Le Figaro* du 9 mai 2020.

ne peut pas être la république des Diafoirus et des professeurs Nimbus. Il est inadmissible que le gouvernement attende l'avis de ce comité approximatif pour autoriser l'installation des conseils municipaux élus depuis deux mois, sans lesquels rien ne peut être entrepris. » Sévérité excessive, car la couardise des gouvernants est plus blâmable que l'ambition des savants, mais qui donne le ton. Si le pouvoir signe les lettres de cachet qui nous privent de nos libertés, c'est la Faculté qui en rédige les attendus. Pour soigner quelques-uns, la médecine confine tous les autres, transformant la ville en asile pour que l'hôpital reste un havre.

Olivier Rey, mathématicien et philosophe, détaille avec finesse le cheminement erroné qui mène de la science à la politique : « La science moderne objective le monde pour l'étudier. Les résultats qu'elle parvient à établir par cette démarche objectivante sont des vérités de fait qui, en tant que telles, ne disent rien de ce qu'il faut faire. Le philosophe David Hume, éminent représentant des “Lumières écossaises”, a insisté sur ce point : d'aucun “cela est” on ne peut déduire un “tu dois”. La décision ne peut, par définition, jamais être du ressort de la science[1]. » Toute l'histoire politique de la Covid-19 tient dans cet axiome de Hume ! Pour nous convaincre de sacrifier nos libertés sans mot dire ni maudire, les

1. *Le Figaro* du 9 juin 2020.

politiques ont exigé un « cela est » de la part des médecins afin de formuler un « tu dois ». « Quand les gouvernements prétendent aligner leur politique sur les prescriptions de la science, poursuit Rey, ils n'assument pas la responsabilité qui leur est propre, et dissimulent leurs choix en simples conséquences de rapports d'expertise. Ou alors, ils délèguent à des experts la décision politique : dans ce cas, le débat que le politique se refuse à trancher se retrouve inévitablement parmi les experts, que la situation fait sortir de leur rôle. »

Une sortie de rôle devenue une sortie de route : c'est exactement ce qui est arrivé à la médecine, avant un gigantesque carambolage des pouvoirs entre le politique, le médical, le médiatique et le populaire. Olivier Rey ne voit pas l'ampleur de la catastrophe, ne retenant que le médecin alibi, otage du politique qui lui extorque l'analyse qui l'arrange : « Ce n'est pas tellement les experts qui ont pris le pouvoir, c'est plutôt le pouvoir qui a mis en avant des experts, choisis à cet effet, pour justifier ses décisions. Trouver des experts qui, lorsque le gouvernement le jugeait bon, étaient capables d'entériner le fait que le port du masque ne servait à rien pour freiner la propagation d'une maladie dont les émissions buccales et nasales sont la première voie de transmission, il fallait quand même le faire[1] ! » Mais la figure du docteur, une fois entrée dans le champ politique, est allée plus loin.

1. *Ibid.*

Non contente de servir le politique, elle s'est servie de lui pour régir la société selon ses valeurs, celle d'un ordre sanitaire vertueux et désinfectant, qui rend la vie aussi invivable qu'indestructible.

La philosophe Anastasia Colosimo poursuit et approfondit le réquisitoire, jusqu'à débusquer les avancées ultimes de la si bien intentionnée tyrannie blanche : « Il est impératif que le politique garde le monopole de la décision. Les scientifiques ne sont pas seulement dépourvus de légitimité démocratique, ils sont aussi en désaccord entre eux, enclins aux chapelles et objets des lobbies. Surtout ils ne sont pas, et les meilleurs le savent, des devins ou des thaumaturges. Le grand embarras dans cette affaire de comité savant est qu'il exclut les sciences dites molles au profit des sciences dites dures et, parmi elles, qu'il privilégie la biologie, dont le paradigme domine désormais toutes les disciplines. D'un côté, on induit que le virologue et l'épidémiologiste, qui brassent éprouvettes et statistiques, pourraient être les philosophes instantanés de leur pratique. De l'autre, on laisse au généticien ou au laborantin, dont les recherches restent souvent soumises au financement intéressé de l'industrie, le soin de déterminer ce qu'est le vivant[1]. » L'accusation brasse large, mais juste ! Le jugement distordu par leurs convictions, leurs affinités et leurs intérêts, les médecins profitent de l'épidémie pour prévoir,

1. *Le Figaro* du 15 mai 2020.

décider et interpréter. Le savant est à la fois le joueur, l'arbitre et le rédacteur de la règle du jeu. Erreurs, zizanies et partialité ne les dissuadent en rien, et ils murmurent que la vérité démocratique est désormais au fond du bécher, précipité d'assertions scientifiques et de pressions médiatiques.

Avec la Covid-19, le médecin va plus loin que jamais : il dissèque la morale de l'époque et sépare le Bien du Mal. Comme l'analyse Colosimo, il a souvent tendance « à promouvoir, sous couvert de rationalité, des discours dictatoriaux, moralisateurs dans la forme et apocalyptiques sur le fond. On est en droit d'être quelque peu terrifié, moins par la fin du monde qu'ils nous promettent, à la manière des prophètes d'antan, si nous n'exécutons pas les réformes qu'ils prônent, que par l'influence précisément que leur discours exerce sur le discours politique[1] ».

« On meurt quand on veut bien mourir »

Soudain, c'est *Jeux de massacre* qui revient, dans la scène des docteurs : « Si on suivait les préceptes de la médecine, consciencieusement, de bout en bout, personne ne mourrait. [...] On meurt quand on veut bien mourir. [...] On meurt lorsque, consciemment ou non, on accepte la mort. C'est l'être qui cède, qui renonce. » Mais tout est aujourd'hui inversé.

1. *Ibid.*

En septembre 1970, sous la plume de Ionesco, c'est l'être épris de sa liberté qui résiste à l'épidémie : « Les vaillants et ceux qui luttent pour la liberté et la libre détermination de soi-même ne doivent pas céder. » Aujourd'hui, ce qui est mal, c'est de jouir de ses libertés malgré les risques que l'on court et que l'on fait courir. Il y a cinquante ans, quand l'épidémie est politique, le mal est dans la soumission : « Si l'on meurt, c'est qu'on veut bien céder aux forces du mal. La mort, c'est la réaction. Cela ne doit pas troubler les forces du progrès. » Un demi-siècle s'est écoulé, tout rond, et la révolution copernicienne des valeurs s'est accomplie : le combat pour la liberté de l'individu est désormais réactionnaire, la soumission au nom de l'intérêt général est progressiste. Avancée de l'humanisme, de l'altruisme ; régression de la nature humaine, défaite de Spinoza et du « persévérer dans son être », déroute de Nietzsche, extinction de l'élan vital.

Cette politisation extrême du médical, c'est-à-dire l'affirmation du dogme de la santé face à toutes les autres valeurs, enfante d'elle-même son propre excès, son *hubris*. Non content de parler à l'oreille des princes, et de guider souvent leur main, « le Docteur » veut s'adresser directement au peuple, en être le dompteur et l'idole. Et « le Docteur » créa Didier Raoult…

Un populisme médical : le cas Raoult

Éminent professeur, chercheur émérite, sans doute plus doué que la moyenne de ses confrères, l'épidémiologiste Didier Raoult s'est trompé face au surgissement du coronavirus. Il n'est pas la peine, pour s'en persuader, de se mêler des débats abscons, et à jamais indébrouillables, sur l'efficacité de l'hydroxychloroquine – l'institut piloté par Raoult, empressé à soigner tout le monde, n'a pas mené les études nécessaires pour valider ses hypothèses, et la horde de ses adversaires ne parviendra jamais à convaincre ceux qui croient dans le médecin aux allures de druide. Didier Raoult n'a pas compris ce qu'il se passait, comme le prouvent les déclarations d'un témoin clef : Didier Raoult. Le 17 février 2020, le médecin marseillais déclare : « L'épidémie n'est pas mondiale du tout. Il y a très peu de maladies infectieuses qui se répandent sur toute la terre, ça n'existe pas. Il n'y a pas d'infection virale respiratoire qui ne soit pas saisonnière. Au printemps, ça va disparaître. Il y a dix mille morts de la grippe depuis le début de l'année aux États-Unis, *versus* zéro par le coronavirus, donc le sens de la réalité a disparu. » En mars, il affirme : « S'il n'y a plus de virus, vous êtes guéri. » Pourtant, le mois suivant, il constate : « Chez les gens qui sont prêts de mourir, il n'y a plus de virus. » Tâtonnements inévitables, incertitudes de la science, certes, et tentation permanente, quoi qu'il en dise, de faire des pronostics : Raoult passe à côté.

Il est aussi victime de son *ego*. Sa déclaration vidéo, à la fin d'avril 2020, fait sourire : « Je suis une star des maladies infectieuses. J'ai tout eu. J'ai un cursus qui fait rêver à peu près n'importe qui. C'est moi, l'élite. J'ai passé ma vie à être envié, jalousé. Ce sont les gens qui ne sont pas à mon niveau qui me critiquent. La mégalomanie, c'est ceux qui ne sont pas capables de voir la grandeur qui parlent de ça. En France, quels que soient les éléments que vous preniez, vous ne me trouverez jamais en dehors des dix premiers. » Enfin, derrière le Narcisse-Esculape, il y a le médecin de terrain, ou plutôt de chevet, qui préfère l'observation aux déductions. Le 25 juin 2020, il lance : « Je vous parle de ma pratique, de ce que je vois, de ce que je fais. Sauf si mes sens me trompent… Je vous parle d'expérience, c'est une autre forme de savoir que la littérature. Il est mort trente-huit personnes dans mon institut, et je sais exactement de quoi elles sont mortes. » Certitude sympathique, qui rappelle le portrait que dresse Béralde de Monsieur Purgon, dans *Le Malade imaginaire*[1] : « Il ne lui faut point vouloir mal de tout ce qu'il pourra vous faire, c'est de la meilleure foi du monde qu'il vous expédiera, et il ne fera, en vous tuant, que ce qu'il a fait à sa femme et à ses enfants, et ce qu'en un besoin il ferait à lui-même. » Didier Raoult veut le bien de tous ses patients, même de ceux qui guérissent sans lui, par le seul fait de la nature…

1. Molière, *Œuvres complètes*, Gallimard, « Bibliothèque de la Pléiade », t. II, 2008.

La « pratique », c'est la base de sa popularité. Didier Raoult est un médecin qui soigne avant d'être un savant qui cherche. Les files d'attente devant son institut, l'attention portée à chaque malade, ce côté « dispensaire » caché derrière le « labo » : tout cela est fondateur de son lien avec l'opinion, ajouté à son physique de gourou à crinière et à barbiche, et à sa maîtrise des réseaux sociaux. Un personnage élaboré, un sens aigu de la communication et le souci de la foule : Didier Raoult est un homme politique. Ce qui a émergé avec lui, et qui fait partie de la grande prise de pouvoir des blouses blanches, c'est le populisme médical. Médecin du peuple contre bureaucrates de la santé, toubib au chevet de ses patients contre mandarins planqués dans un conseil scientifique ou une haute autorité quelconque, Didier Raoult reproduit au sein du monde médical la coupure peuple/élite, terroir/techno, que le paysage politique a adoptée depuis quelques années. Il n'est pas surprenant de voir Michel Onfray, animé lui aussi par le projet de destruction du haut par le bas, s'associer à lui dans l'opération *Front populaire*, un journal qui cache une aventure politique. En 1930, dans *Svea Morgen*[1], le médecin hygiéniste et écrivain surréaliste Gaston Baissette écrit : « Le peuple est le subconscient de ce vaste organisme : la société. » Raoult et Onfray s'adressent à ce subconscient.

1. Les Cahiers du Sud.

Le phénomène Raoult, c'est le surgissement du populisme par le stéthoscope. C'est Marseille contre Paris, réveillant le conflit de 1720, quand le Régent et son Conseil de santé envoyèrent la troupe pour isoler la Provence et ses pestiférés du reste du royaume. Raoult, c'est l'alliance des gilets jaunes et de la blouse blanche, contre le pouvoir pyramidal. C'est l'union de ceux qui croient contre ceux qui savent. Cela finit toujours mal, on le sait. Pour Raoult, sans doute, qui s'arrête un orteil dans le Rubicon et refuse – pour l'instant – de faire vraiment de la politique : s'il ne se donne pas les moyens d'entretenir l'aliénation de ses groupies et d'intimider ses adversaires, il finira peut-être hué par les premiers et à coup sûr lapidé par les seconds, qui lui intentent déjà des procès. Pour la médecine, ensuite, qui apparaîtra au lendemain de l'épidémie pour ce qu'elle est : un régiment de soignants qui soignent avec soin, un agrégat de savants qui ne savent rien, ou presque. Des saints et des imposteurs.

« Je ne vois point de plus plaisante momerie »

En leur ignorance, les médecins rejoignent le commun des mortels, comme le rappelle Chantal Delsol : « Le plus frappant dans la période présente, c'est aussi cette impression de retour en arrière : nous avons cru tout prévoir et tout savoir – et nous constatons devant cette pandémie notre ignorance abyssale, et l'ignorance des spécialistes eux-mêmes, qui ne cessent de se contredire les uns les autres[1]. » Régalons-nous, plutôt que de nous morfondre, de ce « retour en arrière » et, sceptiques et goguenards face aux professeurs des plateaux télé, mais aussi fatalistes en attendant la prochaine pandémie, relisons encore Molière. Au début de l'acte III du *Malade imaginaire*, Béralde, frère d'Argan, règle son compte à la médecine : « Bien loin de la tenir véritable, je la trouve, entre nous, une des plus grandes folies qui soit parmi les hommes ; et, à regarder les choses en philosophe, je ne vois point de plus plaisante momerie, je ne vois rien de plus ridicule qu'un homme qui se veut mêler d'en guérir un autre. » Puis il s'occupe des médecins : « Dans les discours, et dans les choses, ce sont deux sortes de personnes que vos grands médecins. Entendez-les parler, les plus habiles gens du monde ; voyez-les faire, les plus ignorants de tous les hommes. [...] Ils savent la plupart de fort belles humanités ; savent parler en beau latin, savent nommer en grec toutes les maladies, les définir, et les diviser ; mais pour ce qui est de les guérir, c'est ce qu'ils ne savent point du tout. »

Injuste volée de bois vert, à l'époque et encore plus aujourd'hui. Même si l'agitation bavarde et vaine moquée par Béralde n'est autre que celle de nos savants cathodiques, d'autres médecins et infirmières, innombrables, sauvent des vies, une à une. Mais songent-ils aux patients qui mourront d'un cancer non détecté,

1. *Le Figaro* du 26 octobre 2020.

ou à cause d'une opération reportée, parce que la Covid-19 bouscule tout ? Songent-ils aux humains qui paieront un jour de leur confort, de leur prospérité et sans doute de leur santé les sacrifices que, en généreux médecins secourant leurs aînés, ils leur imposent à distance ? Non, car ils obéissent à l'urgence, leur règle suprême, en tyranneaux tyrannisés.

Chapitre 5

La tyrannie grise des *baby-boomers*

« Le virus respecte le cycle de la vie »

Fermons les yeux et imaginons le coronavirus inversé, agent d'une épidémie incontrôlable qui ne tue que les moins de quinze ans, passant, invisible, par les corps chenus pour détruire en quelques heures la vie d'un nourrisson ou d'un adolescent. Quelle terreur alors saisirait le monde ? Combien de mères hurlant à travers les rues, avec dans leurs bras le cadavre cyanosé de leur bébé qu'elles s'efforceraient de réchauffer ? Combien de familles sur les routes, exode du désespoir, pour tenter de cacher dans une grotte ou une grange les bambins poursuivis par ce persécuteur sans idéologie ? Ce serait le retour de la mortalité infantile de jadis, tuant un enfant sur quatre, comme c'était le cas dans ce XVIIIe siècle que nous appelons désormais « des Lumières ». Un tel cauchemar déclencherait les plus grandes colères et la sauvagerie la plus totale – les parents seraient prêts à tuer pour une bouteille d'oxygène.

Au lieu de ce cauchemar, nous affrontons une pandémie terrible, mais qui n'est pas sacrilège. Bernard Spitz, président de la Fédération française des assurances, qui connaît le prix de la vie adolescente, le rappelle dans une tribune : « Ce virus est porteur de tous les drames du monde, sauf un : il frappe moins les très jeunes que les ados, moins les ados que les adultes, et moins ceux-là que les personnes âgées. Il respecte le cycle de la vie. Imagine-t-on ce qui se passerait si c'était le contraire, et que les plus atteints étaient les enfants[1] ? » Spitz ne craint pas de prendre le politiquement correct à rebrousse-poil, de froisser la bien-pensance. Car c'est là l'un des plus spectaculaires avachissements éthiques observés durant l'épidémie de Covid-19 : la société a considéré les vieillards comme les nourrissons, dans une grande confusion et une myopie de nation sénescente.

Bien sûr, la fragilité des plus jeunes et des plus âgés est comparable, et il faut assister et protéger le nouveau-né qui ne peut affronter seul la vie comme le bientôt-mort qui n'est plus en état de se défendre. Sur le tableau de la fragilité, la vie dessine une courbe en U, et les adultes doivent se soucier de ses deux extrémités avec la même prévenance. Le temps n'est plus à la violence des décennies passées, que déplorait, dans *La*

1. *Les Échos* du 28 octobre 2020.

Vieillesse, Simone de Beauvoir, citée par Jean-Michel Delacomptée : « Les mythes et les clichés mis en circulation par la pensée bourgeoise s'attachent à montrer dans le vieillard un autre. » La Covid-19 le prouve, le vieillard n'est plus « un autre », il est un citoyen à part entière, une personne qui compte, et qui compte même beaucoup. Le *papy-boom* a dressé au centre de la Cité la figure glorifiée de l'aîné qui transmet son expérience, participe à l'éducation de ses petits-enfants, milite dans des associations, vote avec un civisme zélé et dépense avec gourmandise sa pension. Le politique brigue ses suffrages, le capitaliste lorgne son pouvoir d'achat, les médias sollicitent sa fidélité d'Audimat.

SOS vieux

Alors, quand un virus déferle et sectionne sans pitié l'espérance de vie du *senior*, toute la société s'épouvante, se mobilise et se leurre. Bien sûr, la maladie frappe aussi les jeunes et les bien-portants, mais les statistiques sont impitoyables : l'âge, le surpoids et quelques affections graves décident de l'essentiel des victimes. Le politiquement correct, comme toujours, invente un terme barbare, la « comorbidité », pour masquer cette évidence : les vieux sont appelés à mourir plus que les jeunes de la Covid. Comme si l'âge était un facteur périphérique, un dommage collatéral, une donnée secondaire. La vieillesse n'est pas une « comorbidité », elle est la morbidité, la mort qui approche, la marche inéluctable vers la mort, qui ne peut légitimer aucune colère, puisque c'est dans la nature des choses. Parmi les 600 000 Français qui meurent chaque année, il est nombre de décès injustes, révoltants, qui insultent la vie : l'enfant terrassé par une leucémie, l'adolescent fauché sur la route, la jeune mère de famille emportée par une maladie nosocomiale ou le quadragénaire dynamique foudroyé par un cancer du pancréas. Mais que les vieux meurent, pour douloureux que cela soit, et décevant à l'époque où être centenaire devient presque banal, c'est un chagrin, ce n'est pas un scandale.

Il faut se féliciter sans s'aveugler de cet humanisme qui s'emploie à sauver, avec la même vigueur que les autres, des êtres dont l'apport à la société est plus accompli qu'à accomplir. La gratitude a remplacé le calcul, et c'est tant mieux. Soigner, ce n'est pas investir. D'autant que la contribution à la vie collective ne saurait se mesurer désormais aux capacités de production : il n'y a plus de « bouches inutiles », puisque tout esprit contribue à l'humanité. Le philosophe Jean-Michel Delacomptée se réjouit de cette nouvelle donne : « La distinction entre actif et inactif, travailleur productif et retraité improductif, ne fonctionnera plus comme une lame tranchante. [...] Loin d'accentuer un hypothétique conflit de générations, le système renouvelé devrait favoriser la fluidité des relations intergénérationnelles : au lieu d'être dissociées, jeunesse et vieillesse vont prouver qu'elles ont partie liée[1]. »

---

1. *Le Figaro* du 29 mai 2020.

Une fois posé ce constat, enluminé de l'admiration pour ces soignants qui offrent quelques années de sursis et de joies à des vieillards en détresse, rien n'est dit de l'injustice terrible cachée derrière cette générosité. Par affection pour nos aînés, en gratitude du passé, nous avons érigé leur présent en priorité nationale, et avons placé de ce fait une hypothèque redoutable sur l'avenir, c'est-à-dire le « futur présent » des jeunes d'aujourd'hui. Sans hésiter ni en débattre, nous l'avons fait, mais avons-nous bien fait ?

La solitude de Comte-Sponville

Le premier à poser cette question fondamentale mais sacrilège, cette question obscène comme une vérité, est le philosophe André Comte-Sponville, sur France Inter, le 22 avril 2020 : « Le Président, pour lequel j'ai beaucoup de respect, disait : "La priorité des priorités est de protéger les plus faibles." Il avait raison, comme propos circonstanciel pendant une épidémie. Les plus faibles, en l'occurrence, ce sont les plus vieux, les septuagénaires, les octogénaires. Je me fais beaucoup plus de souci pour l'avenir de mes enfants que pour ma santé de septuagénaire. » Au lieu de regarder le bout de son nez et les statistiques quotidiennes de Santé publique France, Comte-Sponville a le courage de regarder loin derrière, pour relativiser ce que nous vivons sans le sous-estimer, et loin devant, pour estimer le véritable coût de nos choix, pas ce bénéfice à court terme qui s'appelle « bonne conscience ». « Depuis deux cent mille ans, dit-il, les humains sont partagés entre égoïsme et altruisme. Pourquoi voulez-vous que les épidémies changent l'humanité ? Croyez-vous qu'après la pandémie, le problème du chômage ne se posera plus ? Que l'argent va devenir tout d'un coup disponible indéfiniment ? Cent milliards d'euros, disait le ministre des Finances, mais il le dit lui-même, "c'est plus de dettes pour soigner plus de gens, pour sauver plus de vies". Très bien. Mais les vies qu'on sauve, ce sont essentiellement des vies de gens qui ont plus de soixante-cinq ans. Nos dettes, ce sont nos enfants qui vont les payer. » La vérité est là : le pouvoir rédige la colossale facture des vies sauvées aujourd'hui, du bonus d'existence des vieux, et la met dans un tiroir à l'adresse des générations futures.

Le courage, c'est de voir ce que l'on voit, puis de le dire, puis d'agir. Le politique, approuvé par la quasi-unanimité des citoyens, fait tout pour que l'on ne voie même pas ce problème : le sacrifice du futur au présent, la mise en péril de décennies de « vie bonne », pour des millions de Français, au profit de quelques années de « vie nue », de vieillesse, heureuse ou décrépite, pour quelques centaines de milliers de *seniors*. Équation impossible, car personne ne supporterait le spectacle d'un « tri des malades », d'une agonie collective de « grisons », comme l'on disait au XVIIe siècle, d'une hécatombe des tempes ridées. L'hôpital n'est ni un mouroir, ni un abattoir. Le reproche qu'il faut adresser au pouvoir n'est pas d'avoir tout fait pour sauver les plus âgés, c'est d'avoir interdit le légitime débat sur le choix de société opéré : l'aujourd'hui des vieux plutôt que le demain des jeunes. Au vu de la crise qui s'avance, c'est un « tri des malades » que le gouvernement a effectué ici, sans demander leur avis aux Français, endormis par les bons sentiments dégoulinants des télévisions et assommés par les statistiques de Jérôme Salomon et des médecins cathodiques, ces anesthésistes des foules. Soyons brutal : avec les opérations repoussées par la « priorité Covid » et la précarité décuplée par la crise économique, combien de personnes vont-elles mourir un jour, bien plus tôt qu'à leur tour, tuées à distance par ce choix stratégique ? Parce que le choix est sans doute impossible entre ces deux fléaux, la coalition des pouvoirs politiques et médicaux a décidé d'interdire le débat. Mais c'est au contraire parce que le choix est impossible, parce qu'il n'y a pas de bonne solution, parce que c'est « peste ou choléra », qu'il faut en parler. De deux fléaux, il faut choisir le moindre ; mais encore faut-il discuter pour déterminer le « moindre », et si l'on ne s'accorde pas, au moins l'on s'écoute. Les puissants ont étouffé ce débat, couverts par la lâcheté collective. Et l'effort s'est concentré sur le fléau d'aujourd'hui en négligeant celui de demain. Avec l'arrêt de la vie collective, le gouvernement choisit plus de chômeurs demain et de morts après-demain pour éviter des morts aujourd'hui. Ce n'est pas le choix le plus courageux, et la France aura peut-être beaucoup de morts aujourd'hui, et encore plus demain et après-demain.

Comte-Sponville, sous les critiques, a poursuivi son interrogation éthique : « Je me demande ce que c'est que cette société qui est en train de faire de ses vieux la priorité des priorités. Bien sûr que la dépendance est un problème majeur, mais nos écoles, nos banlieues, le chômage des jeunes, sont des problèmes, à mon avis, encore plus graves que le coronavirus, de même que le réchauffement climatique, la planète que nous allons laisser à nos enfants. » Études entravées, entrée dans la vie active reportée, carrière suspendue, niveau de vie effondré, protection sociale écornée, projets de vie amoindris… Pendant des années, les jeunes d'aujourd'hui vont porter la malédiction Covid. Sans compter les efforts qu'ils devront accomplir pour renflouer les caisses de l'État, et tout ce dont ils seront privés à cause de la facture de l'année 2020 : infrastructures nouvelles, investissements publics, acquis sociaux supplémentaires… L'argent brûlé aujourd'hui manquera demain.

Robert Redeker vole au secours de Comte-Sponville : « L'on dresse un barrage sur le fleuve de la vie, pour qu'il cesse de couler en faveur des jeunes générations à une vitesse différente de celle qu'il prend pour les générations les plus âgées. […] Les parents devenus grands-parents, bien que n'ayant plus d'avenir devant eux, n'entendent plus se sacrifier pour leurs enfants ; au contraire, ils exigent que les enfants et la vie humaine se sacrifient pour eux[1]. » Ces deux philosophes éclairent avec précaution une vérité crue : une nation qui immole ses jeunes à ses vieux n'est pas une nation généreuse, c'est une nation morte. Voilà exactement « ce monde qui se suicide sans s'en apercevoir », que décrivait Antonin Artaud.

Pour une « justice intergénérationnelle »

Contester l'ordre des priorités du gouvernement, cette gestion du court terme urgentiste au détriment du long terme humaniste, est un point de vue aisé pour ceux qui appartiennent aux classes actives. Il est donc fort éloquent d'écouter les *seniors* qui tiennent le même raisonnement, plaçant l'intérêt général au-dessus de l'intérêt de leur classe d'âge. La fondatrice du Centre d'éthique clinique et dirigeante de l'association Vieux et chez soi, le docteur Véronique Fournier, relaie les conclusions du Forum Hastings Center, qui mêle réflexions éthiques et philosophiques aux États-Unis. Larry R. Churchill, un bioéthicien âgé de soixante-quinze ans, publie, le 13 avril 2020, une tribune intitulée « Être vieux en situation de pandémie ». Il y reconnaît qu'il est légitime de limiter l'accès à la ventilation artificielle pour les personnes au-dessus d'un certain âge, quand il y a tension sur la réanimation – en clair, il justifie le « tri des malades ». « Mes obligations, dit-il, sont les suivantes : ne pas être un

1. *Le Figaro* du 9 novembre 2020.

poids pour le système et respecter pour cela, encore plus que les jeunes, les précautions et le confinement préconisés. Consommer le moins de médicaments possible; ne pas aller me faire tester si les tests sont rares, même si j'ai des connexions pour y accéder plus facilement que d'autres; si l'hôpital est surchargé, éviter d'y aller si ce n'est pas indispensable. Si je dois y aller tout de même, et s'il y a pénurie ou risque de pénurie de ventilateurs, en refuser l'accès; et si un vaccin devient disponible, ne pas me précipiter, m'inscrire en dernier sur la liste, pour le cas où il n'y en aurait pas suffisamment pour tous. Ce n'est pas une question de "sacrifice", ni même de "générosité", il s'agit de "justice intergénérationnelle" : contribuer à ce que le plus possible de vies jeunes puissent être sauvées alors que, pour ma part, j'ai déjà largement vécu la mienne[1]. » Un autre bioéthicien du Forum Hastings Center, le professeur Miller, abonde dans son sens et, soudain, une position jugée cynique dans la bouche d'un actif devient altruiste sous la plume d'un *senior* : « Les jeunes ont plus à perdre que les moins jeunes à ne pas pouvoir accéder à la réanimation, en termes d'années de vie gagnées[2]. » Quelques mois plus tard, le débat sur la vaccination est déjà engagé, et la priorité s'impose dans tous les cercles bien-pensants : les vieilles et les vieux d'abord! Dire qu'il faut les mettre en queue de liste, comme le prône Hastings, c'est

1. *Libération* du 28 avril 2020.
2. *Ibid.*

proférer une horreur… Le malentendu et l'injustice se poursuivent.

La philosophe Chantal Delsol ramène à l'échelle macro-économique le coût de cette stratégie de la prime à l'âge, parce que le choix éthique se mesure en milliards, et procède par le bon sens : « La maladie tue en très grande majorité des personnes très âgées déjà porteuses de pathologies : on met à l'arrêt toute la jeunesse d'un pays, qui perd ses emplois, arrête ses entreprises, pour sauver les ancêtres. Mais, pour pouvoir arrêter l'économie, on grève l'avenir de dettes énormes, à payer par nos enfants et petits-enfants[1]. » CQFD. Les dirigeants ont belle âme à dire que, face à un malade en détresse respiratoire, les prospectives de l'INSEE ne sauraient guider la main du médecin, pas plus que les calculs d'assureurs sur le « prix de la vie ». Mais le gouvernant, lui, devrait, pour être juste et conséquent, garantir d'ores et déjà la solidarité à long terme pour ceux qui sont sacrifiés dans cette solidarité à court terme. Il lui faudrait donc promettre une puissante vague d'inflation, pour effacer vite l'ardoise des finances publiques, ou envisager une ponction sur les retraites pour aider les jeunes. Le pouvoir devrait donc avertir les rentiers, c'est-à-dire, souvent, les plus vieux : ils ont une dette envers ceux qui vont rembourser la dette Covid…

1. *Op. cit.*

Si l'on ne veut pas sauver les *seniors* « quoi qu'il en coûte », est-il possible de poser les principes d'une éthique du tri des malades, d'être efficace sans être barbare ? Pour le Forum Hastings Center, la réponse est oui, sous condition : « Le droit de tous les patients de recevoir les traitements les plus indiqués ainsi que le devoir des médecins de les leur fournir [peuvent être] limités en situation de pandémie ; fournir à tous des soins palliatifs adéquats, y compris à domicile, devient en contrepartie un impératif moral incontournable[1]. » Il est curieux qu'en France, alors que la pratique de terrain s'approche de telles attitudes, parce que nécessité fait loi, il soit impossible d'ouvrir le débat sans ployer sous la lapidation du politiquement correct.

« Nous avons un autre soleil : l'égalité »

De même, il est presque aussi difficile de défendre la première solution esquissée par Larry R. Churchill : imposer des règles plus dures aux *seniors*, réserver le confinement strict à tous ceux, âgés, malades ou en surpoids, qui ont plus de risques que les autres de se retrouver à l'hôpital et d'engorger les services de réanimation. Bref, contraindre les vieux pour que les jeunes vaquent et vivent, travaillant à redresser le pays. Le 13 avril 2020, quand Emmanuel Macron annonce le déconfinement pour le 11 mai, il suggère que les contraintes soient prolongées pour les plus fragiles :

1. *Op. cit.*

« Pour leur protection, nous demanderons aux personnes les plus vulnérables, aux personnes âgées, en situation de handicap sévère, aux personnes atteintes de maladies chroniques, de rester même après le 11 mai confinées, tout au moins dans un premier temps. » Le tollé est immédiat. Les partis d'opposition dénoncent la discrimination et les sondages consacrent l'impopularité de la proposition. Les *seniors*, notamment, récusent cette « rétention de sûreté », qui vise pourtant à les protéger. Alors que toutes les activités économiques ne redémarrent pas le 11 mai, car certaines sont plus dangereuses que les autres pour la reprise de la contamination, tous les citoyens s'égaillent en même temps, alors que certains sont plus fragiles que d'autres face à une éventuelle relance de l'épidémie. Cette égalité est peut-être sympathique, mais elle est stupide, parce qu'elle se place au-dessus de la justice, de l'efficience et de la liberté.

Le confinement ciblé, même discriminatoire, aurait dû être mis en place – et le sera sans doute si les vagues se succèdent. Réfléchissant à cette solution, pour l'écarter, dans son allocution du 28 octobre 2020, le président de la République conclut : « Elle peut être pertinente, mais elle n'est pas suffisante. » Il est édifiant de constater que le pouvoir a écarté une stratégie « pertinente », qui aurait eu pour mérite de mieux protéger les plus à même d'échouer à l'hôpital avec des formes graves de la Covid-19, tout en préservant la liberté de circuler et de travailler des plus vaillants. C'est une belle occasion ratée. Et la preuve de nos renoncements collectifs, dont le pouvoir n'est que l'exécuteur. « Sommes-nous véritablement passionnés par la liberté ? s'interroge l'écrivain Sylvain Tesson. Nous avons un autre soleil : l'égalité. C'est une idole française. Les progrès de l'égalité consolent les Français du recul de leurs libertés. En d'autres termes, nous acceptons d'être entravés si tout le monde subit la même chose[1]. » Et c'est ainsi que, après la fermeture injuste des petits commerces face à la « seconde vague », la première réponse du gouvernement à leur colère n'a pas été leur réouverture, gérable sur le plan sanitaire, salutaire sur le plan économique et juste sur le plan concurrentiel, mais… la fermeture des rayons proposant les mêmes produits qu'eux dans les grandes surfaces ! Tous punis vaut mieux que certains libres, et même que tous libres : tel est le dogme de la servitude égalitaire.

À chaque instant de l'épidémie, de confinement en confinement en passant par les « mises en liberté provisoire », les politiques prennent soin de ménager les vieux. La raison n'est pas seulement une compassion exagérée ou une pratique extrême de l'égalité républicaine. Le motif le plus profond tient au comportement civique des plus âgés : ils votent, en abondance, avec zèle et conviction. Les bousculer, les maltraiter, leur demander de porter plus que les autres les fardeaux inhérents à la pandémie, c'est risquer une sanction

1. *Le Figaro* du 3 novembre 2020.

électorale. Emmanuel Macron, qui a défié les retraités, dès le début de son mandat, en augmentant leur Contribution sociale généralisée (CSG), en a été dûment averti : impossible pour lui de se mettre à dos ces électeurs avant 2022. La droite, qui tient déjà la majorité des communes du pays, et attend beaucoup des échéances à venir, les élections départementales et régionales, pour se redresser sur le plan national, ne s'en prendra jamais à ce qu'elle considère comme son électorat naturel. Il est curieux, en revanche, que la gauche, d'usage si attentive aux intérêts de la jeunesse, ait manqué une telle occasion de s'en faire entendre à nouveau.

Par ailleurs, dans cet humanisme débridé qui nous a intimé l'ordre de tout endurer pour « sauver nos aînés », nous avons été dupés. De quels « vieux » parlait-on, quand on dressait les bûchers de l'indécence pour tous ceux qui exigeaient une priorité à la jeunesse ? Pas des plus anciens, reclus dans ces établissements qu'on appelait jadis « hospices », puis « maisons de retraite », et désormais Ehpad, « établissements d'hébergement pour personnes âgées dépendantes », persuadés que nous sommes qu'un acronyme garantit le sérieux des soins – ces établissements que la sauvagerie du virus a renvoyés à leur véritable destination : être des mouroirs. Non seulement les patients frappés du coronavirus dans ces lieux ont enduré les souffrances de la maladie, mais ils ont subi une ultime torture, celle d'une mort loin des êtres aimés, sans une main intime pour tenir la leur, sans la possibilité d'un adieu. Ces vieillards-là ont été privés, au nom de l'ordre sanitaire et égalitaire, de la sérénité, ce viatique de l'esprit. « La situation des Ehpad traduit avec épaisseur l'hygiénisme régnant, estime Chantal Delsol. On met en place des protocoles déments pour protéger les personnes âgées du virus, dément, au sens où on abolit l'existence (la pauvre existence qui reste, ce souffle) à force de vouloir protéger la vie. Ces aînés qui n'ont plus que peu à vivre sont surtout reliés à l'existence par leurs proches, et pour ainsi dire sous perfusion d'amour. La vie biologique ne les intéresse pas. Mais seulement la présence de ceux qui leur rappellent par leur affection que justement ils ne sont pas que cela, un corps épuisé et au bord du gouffre. [...] Quand ils sont à l'agonie, les proches ont interdiction de les approcher et, quand ils sont morts, interdiction de les veiller[1]. » Cruelle stratégie, qui a choisi l'inhumanité pour éviter l'hécatombe, et qui a eu l'inhumanité et l'hécatombe. Honte durable, pour une barbarie commise « dans l'intérêt général », si bien que, lors de la deuxième vague, le président de la République a d'emblée proclamé l'ouverture des Ehpad. Même si, dans la réalité, les verrous administratifs et la couardise paperassière ont maintenu nombre de chambres fermées.

1. *Op. cit.*

Le dernier hold-up des *baby-boomers*

Si nous n'avons pas, en sacrifiant nos libertés, protégé les plus vieux de nos vieux, si nous ne les avons mis à l'abri ni du virus ni de la solitude, qui donc avons-nous servi ? D'évidence, les moins vieux des vieux, ceux qui refusent de l'être, ceux qui se disent « actifs » pour cacher qu'ils ne sont plus « productifs », ceux qui persistent à se dire jeunes parce qu'ils veulent demeurer le nombril de la société, la tranche d'âge vers laquelle sont tournées, admiratives et dévouées, toutes les autres : il s'agit des *baby-boomers.* Dans les Ehpad, on trouve surtout des octogénaires et des nonagénaires, tous nés avant 1940, et qui ont eu leur lot d'épreuves : enfants pendant la Seconde Guerre mondiale, frappés par les privations et les bombardements, surmenés pour reconstruire la France, mobilisés durant les conflits de décolonisation… Ne nous trompons pas, ne nous laissons pas tromper. Ceux qui ont exigé l'arrêt total du pays pour qu'on les protège du virus, et qui ont refusé de se protéger plus que les autres, de renoncer à une part de leurs libertés pour préserver celles des actifs et des jeunes, ce sont les natifs de l'après-guerre, venus au monde lors du *baby-boom* de 1945-1950. Trop jeunes pour aller combattre dans les Aurès, grands gagnants des Trente Glorieuses, du plein emploi et de l'inflation qui efface les dettes des ménages, bénéficiaires de l'effervescence culturelle des années 1960, de la libération des mœurs et du « il est interdit d'interdire », enfants du rock'n'roll, des barricades et de la pilule, complètement égarés dans les idéologies meurtrières, de Staline à Pol Pot en passant par Trotsky et Mao, ils ont assis leurs carrières juste avant la crise économique commencée en 1973 et jamais achevée depuis, puis ils ont mis toute leur énergie à asservir les générations suivantes, à les faire trimer pour eux, afin qu'ils conservent leur puissance, leur aura et leurs dividendes, distribuant les tâches mais ne partageant pas le pouvoir.

Cette génération dorée, non contente d'avoir gaspillé les fruits de la croissance et d'avoir sapé la société par un laxisme sans éthique, a ensuite profité de sa retraite, financée par les classes actives grevées d'impôts et de cotisations sociales, et allongée par les progrès de la science. Alors qu'ils avaient cotisé en nombre, grâce au plein emploi, et peu, parce que les retraités d'alors mouraient vite, voici que ces « seigneurs *seniors* » font payer l'allongement de leur durée de vie aux travailleurs d'aujourd'hui, hantés par le chômage qui brise menu leurs carrières en dents de scie. Peu importe que le système social implose dans quelques années : ils ne seront plus là, et en auront profité jusqu'au bout. Il ne leur manquait qu'un ultime hold-up à effectuer, sur la dernière génération en date, cette fois, celle qui pensait échapper à leur emprise grâce aux nouvelles technologies, aux start-up et à la mondialisation : le hold-up de la Covid-19. C'est au tour de ces boutonneux insolents de régler leur dû, de céder au racket des *baby-boomers* en payant de leur présent emprisonné et de leur futur saccagé la dernière fiesta des aînés. C'est Bernard Spitz, auteur en 2015 d'*On achève bien les jeunes*[1], qui le résume le mieux : « Les anciens de Mai 68 achèvent leur parcours aux frais de leurs petits-enfants, dans un feu d'artifice qui a comme caractéristique de s'être élargi mondialement[2]. »

« Nous nous sommes battus pour ne pas devenir ce que nous sommes devenus », disait le regretté Georges Wolinski. Les *baby-boomers*, en réalité, ont fait semblant de se battre, car ils souhaitaient prendre la place de ceux qu'ils conchiaient bruyamment, comme dans *Les Bourgeois*, la chanson si lucide de Jacques Brel. En revanche, ils ont été, tout au long de leur vie, d'une créativité intense et d'une imagination illimitée, ils ont fait sauter toutes les coutures de tous les corsets, ils ont peint en fleurs un monde de pierre et fait résonner la liberté comme un carillon. Enfin, égarés en idéologie, fourvoyés côté mœurs, inspirés en culture et surtout géniaux en business, ils ont bâti, d'un geste collectif arrogant, irréfragable et oppresseur, un chef-d'œuvre nommé égoïsme. Finalement, ils l'ont réussie, leur révolution. Pas celle des barricades chevelues de Mai 68, pas celle des Gardes rouges ni des Soviets, mais celle de la Covid, que Robert Redeker cerne sans fard : « Le renversement anthropologique entraîne une révolution politique. Tout se passe comme si une partie

1. Grasset.
2. *Op. cit.*

de notre société ne voulait plus du remplacement des générations[1]. »

Il suffit d'ouvrir les yeux pour constater que la politique sanitaire poursuivie par les gouvernements occidentaux est une ultime soumission à cette génération, qui dépense son argent et, surtout, ne rate jamais un scrutin. Voilà que nous lui avons, en toute servitude volontaire, offert en holocauste nos libertés, mais aussi le peu de prospérité qui restait aux 35-60 ans, et le peu d'espoir qui demeurait aux 15-35 ans. Il suffit d'ouvrir les yeux et de regarder le terrifiant film publicitaire que le gouvernement, à la rentrée de septembre 2020, a diffusé pour inciter les jeunes à la prudence : un lycéen – parce qu'il a fait la bise à une amie – et son père – parce qu'il a discuté avec une collègue – transmettent le coronavirus à la grand-mère, lors de son anniversaire, et l'envoient tout droit en réanimation. Pourquoi le ministère de l'ordre sanitaire n'a-t-il pas mis en scène un retraité qui tient mordicus à déjeuner dans un restaurant avec une poignée d'amis de son âge, fait ses courses dans une épicerie fine, joue à la pétanque sans masque, profite d'une croisière et se contamine tout seul ? Bref, un *baby-boomer* qui refuse de rogner ses libertés tant que les plus jeunes n'acceptent pas d'abolir les leurs... Pierre Arditi, flamboyant et génial *baby-boomer*, né en pionnier dans le Paris fraîchement libéré de 1944, vient le clamer sur le plateau de France 5, le 10 novembre 2020 :

1. *Op. cit.*

« Il n'y a rien de plus liberticide que la mort. » Certes, mais cela autorise-t-il la génération dorée à faire payer son sursis par les libertés de tous aujourd'hui, et par le bonheur de beaucoup demain ? « Encore une minute, monsieur le bourreau ! Mais aux frais de la garde montante… » Les *baby-boomers* se moquent de telles considérations, ils n'auront sans doute aucun remords d'outre-tombe, ayant de leur vivant pris tout ce qu'ils pouvaient, et volé le reste. Leur philosophie est simple : vie à crédit – et les suivants paieront la note !

Que cela nous serve de double leçon pour la troisième vague et pour les épidémies suivantes. Leçon numéro un : ce sont les plus fragiles qui doivent protéger les autres, et protéger le système hospitalier, en acceptant de se mettre à l'abri dès qu'il le faut et tant qu'il le faut. Leçon numéro deux : jamais un pays ne doit sacrifier l'avenir de la jeunesse à la survie de la vieillesse. C'est ainsi que l'on sauvera des vies, de vraies vies. Dans son essai écrit au tout début de l'épidémie, *Dans la tempête virale*[1], le philosophe slovène et néo-communiste Slavoj Žižek cite un article du docteur William Hanage, publié dans *The Guardian* du 15 mars 2020 : « Quand bien même nous préférerions, dans un monde parfait, que personne ne coure le risque d'être infecté, le fait d'engendrer une immunité chez les générations plus jeunes est un moyen de protéger la population

1. Actes Sud, 2020.

entière. » Laissons les jeunes vivre leur vie de jeunes, avec les cours, les fêtes, les baisers et les discussions débridées ; ils seront vite, presque tous, immunisés, et serviront même de rempart naturel contre le virus, protégeant toute la société.

Étrange et triste époque que celle où le pouvoir a moins peur des jeunes, et de leurs agitations, que des vieux et de leur oppression. Parce qu'au-dessus de tous les pouvoirs, c'est bien la peur qui est reine, et brandit sa couronne, quand fait rage une épidémie où le virus est *corona*…

Chapitre 6

La tyrannie bleue de la trouille

Plus de peur que de mal

Lequel d'entre nous n'a pas tremblé, devant les images des corps en réanimation, à l'idée d'attraper ce fichu virus ? Une épidémie de trouille a déferlé sur la société, plus rapide que celle du coronavirus. La litanie des chiffres égrenés par Jérôme Salomon, aussi incompréhensible que terrifiante, et le *breaking news* permanent des chaînes d'info, avec ses mines graves et sa dramatisation captivante, ont accru le phénomène. Nous avons vécu la première vague comme un film d'horreur : par écrans interposés, ce qui n'empêche pas de trembler sur son canapé et de faire des cauchemars. Sans compter la peur par procuration, en songeant aux parents âgés, aux amis en surpoids, aux collègues diabétiques : les « facteurs de risque » sont des multiplicateurs de trouille. Sans oublier la panique par ricochet, parce que chacun connaît quelqu'un qui connaît quelqu'un qui connaît quelqu'un dont une connaissance a vu un de ses proches mourir de la Covid... Cette épidémie consacre le triomphe de l'émotionnel sur le rationnel, phénomène à l'œuvre depuis longtemps, mais qui n'avait jamais emporté autant de monde dans sa ronde. Quand des attentats se produisent, l'émotion atteint 100 % de la population, mais pas l'angoisse, car le calcul de probabilité et un certain sens de la fatalité rassurent : cela ne dispense pas d'être vigilant, mais empêche de paniquer. Avec le coronavirus, la machine à sensation réussit à entraîner chacun d'entre nous, puisque l'ennemi, invisible et véloce, est un envahisseur. Un bouton d'ascenseur, l'éternuement d'un voisin de métro, une poignée de main : tout est dangereux, donc la peur est permanente.

Cette trouille unanime n'est pourtant justifiée par aucune statistique. Au bout de six mois, un Français sur vingt avait été contaminé selon la Direction de la recherche, des études, de l'évaluation et des statistiques (Drees), calcul ruinant tout espoir d'immunité collective, mais propre à rassurer. S'il convient de tout faire pour ne pas attraper ce virus pernicieux, le risque encouru en menant une existence prudente est tout à fait raisonnable. Mais le plus rassurant est ce que les Anglo-Saxons appellent l'IFR, l'*infection fatality rate*, c'est-à-dire le taux de létalité réel, qui correspond au nombre de décès rapporté au nombre total estimé de personnes qui ont eu la maladie, pas seulement celles qui ont été diagnostiquées. Les chercheurs de l'Imperial College de Londres, collationnant cent soixante-quinze études publiées à travers le monde, l'évaluent, pour la France, à 1,15 %. Autant dire que le risque d'attraper la Covid-19 n'est pas immense, et que celui d'en mourir est très faible. Même parmi les malades qui échouent en réanimation, l'espoir grandit vite, proportionnel aux progrès des traitements : le taux de mortalité passe de 42 à 25 % entre les deux vagues, selon l'étude française intitulée *Covid-19 Infection in Intensive Care Unit*. Le profil des décédés permet aussi de rassurer l'essentiel des citoyens – et surtout des citoyennes : les morts sont des hommes (74 % des cas), dont l'âge moyen est de soixante-trois ans, en surpoids (41 % d'obèses), hypertendus (48 %) ou diabétiques (28 %).

Aron et les probabilités

Jean-Philippe Vincent, maître de conférences à Sciences Po, relate une anecdote édifiante pour comprendre combien le rapport des individus au risque peut être variable : « Dans ses *Mémoires*, Raymond Aron racontait comment, à Londres, pendant la guerre et en plein *Blitz*, il dormait régulièrement dans son lit, “à l'abri du calcul des probabilités”. Plutôt que de descendre à chaque alerte dans la cave, il s'estimait suffisamment protégé par la faible probabilité qu'une bombe allemande détruise son immeuble et le tue. Cette attitude témoignait d'un certain courage et aussi d'une forte tolérance au risque. Aujourd'hui, où l'aversion au risque est généralisée et presque totale, ce comportement serait considéré comme le summum de l'inconscience et de l'irresponsabilité. Pourtant, Raymond Aron était un homme rationnel et prudent. La crise du coronavirus souligne combien, chez nos contemporains, l'acceptation du péril – celui de la maladie et évidemment celui de mourir – s'est effondrée. Pourtant, le risque de mourir de la Covid-19 en France et ailleurs est extrêmement faible. Seule une petite minorité de Français sont touchés par le virus et surtout, parmi eux, il semble que 99 % des personnes atteintes guérissent, et c'est heureux. Mais bien peu de Français acceptent de vivre à l'abri de ces probabilités favorables[1]. »

Il est donc juste de conclure que la quasi-totalité des gens n'avaient et n'ont aucune raison d'avoir peur du coronavirus – en tout cas, pas plus que d'une méchante grippe. Et pourtant, nous avons presque tous eu peur. Parce qu'on nous a fait peur. La trouille n'a pas été spontanée, elle a été provoquée et entretenue, car elle était la meilleure alliée du pouvoir. C'est par la peur que les gouvernements ont obtenu la discipline, c'est-à-dire l'efficacité des mesures de prophylaxie. Et comme il y eut en 1940 les sirènes des alertes aériennes et le bruit des bombes pour entraîner les Londoniens vers les abris, nonobstant la démonstration aronienne, il y a en 2020 les images de télévision en boucle et les

1. *Op. cit.*

chiffres martelés par le professeur Salomon pour ramener les Français chez eux – et aucun Raymond Aron pour opposer ce que l'on sait à ce que l'on voit. Le pouvoir ajoute un peu de peur du gendarme pour enrober la peur du virus, *via* les attestations obligatoires et l'amende de 135 euros, et la machine à ficher la trouille tourne à plein…

Tout cela part d'un « bon sentiment », comme souvent dans la servitude volontaire. C'est en faisant peur à tout le monde qu'il est possible de sauver ceux qui sont vraiment menacés – et d'éviter surtout le spectacle horrible des hôpitaux débordés, ainsi que l'avalanche des procès qui s'ensuivrait… À défaut d'être capable de convaincre chaque citoyen, en adulte raisonnable, de rester chez lui, le pouvoir tétanise le peuple, par la trouille. Stupéfaction et effroi sont les deux mamelles de l'ordre sanitaire.

« Il faudrait abolir le hasard »

Cette ruse gouvernementale est bien sûr pardonnable, puisqu'elle est commise dans l'intérêt général. Elle n'en demeure pas moins un mensonge politique, une manœuvre, qui n'a été réalisable et efficace que parce qu'elle s'est adressée à une nation de poltrons. Marcel Gauchet s'en étonne, en plein déconfinement : « Je n'aurais pas cru que les Français céderaient aussi facilement à l'espèce de panique qui les a saisis et qui a déterminé cette discipline. Impossible évidemment de faire la part de l'altruisme – protéger les autres – et de la crainte égoïste dans ce comportement ; mais j'ai quand même l'impression que c'est la peur qui a été déterminante, et je n'en reviens pas ; je ne soupçonnais pas la présence de ce sentiment d'extrême vulnérabilité de son existence chez tant de gens. Un sentiment d'autant plus étonnant qu'il a résisté aux informations plutôt rassurantes qui sont vite tombées sur les modalités réelles de la maladie[1]. »

Les Français sont des Européens comme les autres. En effet, c'est la propension de l'humain des pays développés du XXIe siècle, hypocondriaque jusqu'à la moelle, qui a rendu possible cette « opération frousse ». Giorgio Agamben, philosophe gauchisant italien, dénonce « l'état de peur qui s'est manifestement diffusé ces dernières années dans les consciences individuelles et qui se traduit par un réel besoin d'états de panique collective, auquel l'épidémie offre une fois de plus le prétexte idéal[2] ». Les Français accompagnent les autres Occidentaux dans ce goût de la trouille, qui nourrit leur exigence du risque zéro. Comme l'écrit Jean-Philippe Vincent, « ils ne veulent plus de probabilités, mais des certitudes. [...] La crise actuelle est donc caractérisée, en France notamment, par une peur panique qui fait que tout risque pour la santé, même faible, est insupportable. La conviction domine que le hasard malheureux,

1. *Le Journal du Dimanche* du 24 mai 2020.
2. *Il Manifesto* du 26 février 2020.

la malchance, le mauvais sort devraient être complètement prohibés. Il faudrait abolir le hasard[1] ».

La conséquence de cette exigence est immédiate : si l'on réclame le risque zéro, on accepte la sécurité maximum. La peur mène au confinement, elle en est le seuil, l'antichambre. Accepter la peur, lui obéir, c'est déjà renoncer à ses libertés ; pas besoin d'un tyran, la peur en fait office. Dans *Jeux de massacre*, Eugène Ionesco dépeint le phénomène dans la plus émouvante scène de la pièce :

> LE VIEUX
>
> Comment peux-tu accepter cette angoisse ? Tout le monde a peur autour de nous. Ils sont figés dans leur malheur.
>
> LA VIEILLE
>
> Tu as toujours eu peur. Même quand il n'y avait pas de raison d'avoir peur. Laisse les gens à leur peur. C'est de cette peur qu'ils doivent guérir.
>
> LE VIEUX
>
> Oui. J'ai toujours été angoissé. Ce n'est pas tellement la peur des autres qui me pèse, mon angoisse me suffit. Aujourd'hui je la vois qui se reflète dans les yeux de tous les gens, elle se multiplie. [...] Notre condition n'est pas acceptable. Je ne peux plus vivre dans cette ville. Enfermé.

1. *Op. cit.*

> Je ne peux plus vivre dans notre maison. Enfermé. J'ai horreur du foyer. De tous les foyers. On vous enferme. On vous enferme. Je ne veux pas rentrer et pourtant je sais que je rentrerai.

« On a le droit et le devoir d'être égoïste »

Tout est dit. La peur soumet, elle est notre tyran intime. C'est elle qui dicte nos comportements, et d'abord l'irrationalité. Comme le dit le Maître de maison dans *Jeux de massacre* : « Il faudra contrôler le toit. Que le vent n'enlève pas une seule tuile. Bien entendu, personne n'entre, ni ne sort. Nous sommes à l'abri. Ne regardez pas par la fenêtre. La vue du mal, elle-même, peut contaminer. » À quoi son domestique réplique, facétieux : « Si vous y pensez, monsieur, il entre par la pensée. » Ensuite, la peur entraîne la méfiance et l'égoïsme. Dans *Jeux de massacre*, c'est un des Bourgeois qui les exprime le mieux : « Écartez-vous. Parlez-moi à trois mètres de distance, à cinq mètres plutôt, afin que vos microbes ne puissent m'atteindre. Dans les circonstances exceptionnelles que nous vivons, on a le droit et le devoir d'être prudent et méfiant. On a le droit et le devoir d'être, provisoirement, égoïste dans les moments graves. » Marcel Gauchet s'inquiète de ce mauvais pli que prend notre société affolée : « La peur peut provoquer l'obéissance, mais elle est à l'opposé du civisme, qui suppose une appréciation raisonnée du danger et la prise en charge responsable des contraintes que la situation impose. Il y a lieu de craindre l'empreinte durable dans la vie collective des deux règles imposées par l'épidémie : “méfiez-vous les uns des autres” et “le meilleur des engagements, c'est de rester chez vous”[1]. »

Il est une dernière peur qui a doublé, ou remplacé, la peur du virus : c'est la peur du jugement des autres. Mépriser la maladie, c'était apparaître comme un fanfaron dans une société qui exige l'humilité et considère la « mise en danger d'autrui » comme un crime impardonnable. En mars 2020, Rudi Gobert, basketteur vedette, tripote les micros après une interview, se moquant de l'hygiénisme ambiant ; quelques jours plus tard, testé positif, il est contraint de s'excuser. Refuser le confinement, défier le sort, ou bien respecter les contraintes mais les critiquer, n'est pas vu comme une position téméraire, mais comme une action antisociale. Les individus sont sommés par la société d'obéir aux consignes. Le pouvoir se contente de « recommander », puisqu'il sait que la société ordonne. Le tyran a les mille visages de la foule. Marcel Gauchet l'explique ainsi : « Il faut faire la part d'un autre facteur qui a joué un rôle important dans l'acceptation sans discussion du renvoi chez soi : l'intimidation morale. Se rebeller, et même critiquer les instructions du gouvernement, c'était se désigner comme un monstre indifférent à la mort de son prochain, si ce n'est un assassin potentiel. Même le Gaulois habituellement réfractaire recule devant cette perspective. Il est remarquable de voir à quel point cette

1. *Le Journal du Dimanche* du 24 mai 2020.

nouvelle morale de la compassion obligatoire s'est installée dans les esprits[1]. »

Puisque Dieu est mort, la mort doit mourir

Mais cette oppression collective, cette « intimidation morale » ne saurait absoudre l'individu : c'est quand la foule se soumet que le courage singulier est grand. Or, nous avons intégré la peur à notre ADN, nous avons adopté l'instinct de survie comme seul guide. Démission philosophique, reddition psychique, nous ne sommes plus capables, comme l'écrit Chantal Delsol, d'« aller devant le risque inconnu en faisant confiance à ce courage qui se déploie devant le danger, à la conscience morale qui prend les décisions de la situation exceptionnelle ». Pour la philosophe, il s'agit de la nouvelle condition humaine, celle qui a rendu les armes devant le culte de l'instant : « Nous n'avons plus les outils mentaux, éthiques, spirituels pour répondre à la situation. Car ces outils étaient devenus obsolètes avec la modernité du progrès tous azimuts. On aperçoit à quel point nous sommes des populations fragiles, fragilisées par la facilité, le confort, la paix éternelle, le prestige des apparences, les promesses de facilités encore plus grandes et de plus en plus grandes, et surtout les promesses de supprimer tous les maux de la condition humaine. » Jadis, la pensée de la mort ne terrifiait pas, car elle était contrebalancée par les promesses

1. *Op. cit.*

de l'au-delà, celles de la vraie vie, éternelle. La transcendance poussait au courage, l'immanence est mère de lâcheté. Delsol dénonce cette « fragilité spirituelle : ce qui est normal puisqu'on nous a chanté sur l'air des lampions qu'on avait aboli les religions, que bientôt on ne mourrait plus, et que nous devions nous préoccuper exclusivement du côté festif de la vie[1] ».

Nous ne reviendrons pas en arrière, nous ne monterons plus, joyeux, au sacrifice pour Dieu ou pour la patrie. Mourir pour des idées, même de mort lente, est inacceptable. Tout, jusqu'à la liberté, apparaît secondaire à côté de cet impératif, de ce nirvana : survivre. En 1949, dans son roman *La Peau*, l'Italien Curzio Malaparte raconte Naples en 1943 et 1944, quand les Américains libèrent la péninsule. Il y écrit : « C'est la civilisation moderne, cette civilisation sans Dieu, qui oblige les hommes à donner une telle importance à leur peau. Seule la peau compte désormais. Il n'y a que la peau de tangible, d'impossible à nier. C'est la seule chose qui soit à nous. La chose la plus mortelle qui soit au monde. Seule l'âme est immortelle, hélas ! Mais qu'importe l'âme, désormais ? » Puisque Dieu est mort, qu'il n'y a pas de paradis, alors la mort elle-même devient insupportable, il faut donc la nier et la repousser. Le progrès qui a aboli Dieu doit abolir la mort pour se faire pardonner, il doit faire de l'immortel avec du mortel, il doit faire de la peau la nouvelle âme. Le

1. *Op. cit.*

progrès doit donc assurer au plus vite l'immortalité des corps par les voies du transhumanisme et, en attendant, nous protéger de tout, tout le temps. Par des détecteurs et des alarmes, par des numéros d'urgence et des médicaments remboursés. Cette nouvelle éthique, cette religion biologique, mène à l'acharnement thérapeutique et au confinement consenti. Le risque zéro est le lot de consolation des anciens croyants.

« La secte des lâches »

La peur, ce moteur des comportements modernes dans le vieil Occident, devient un réacteur nucléaire en cas d'épidémie. Toutes les décisions, individuelles et politiques, sont prises sous sa pression. Mais une peur peut en cacher une autre, et ce n'est pas forcément la seule crainte du virus qui motive les dirigeants, comme l'affirme Marcel Gauchet : « Jusqu'à quel point doit-on sacrifier la liberté individuelle sur l'autel de la santé publique ? Il n'y a aucune règle en la matière. Tout est fonction de la gravité de la situation. Le facteur déterminant, en la circonstance, a été la peur des gouvernants à l'égard de la société. Une peur d'autant plus grande qu'ils avaient à cacher leur impréparation et leur absence de moyens. C'est ce qui leur a fait choisir cette stratégie maximaliste de la réclusion générale. Il faut dire qu'ils ont été bien aidés par le concours bénévole des grands médias, qui en ont rajouté dans la dramatisation. C'était l'occasion rêvée pour eux d'affirmer leur rôle et de faire de l'audience. Mais le fait est que la méthode a marché. Cette soumission à une privation de liberté sans précédent reste mystérieuse. Il est vrai aussi que la contrainte était temporaire. On pouvait se résigner à attendre le bout du tunnel[1]. »

Le retour de la contrainte, à l'automne 2020, avec un reconfinement moins strict et surtout moins populaire que le premier, allonge le tunnel et n'éclaircit pas le mystère. Confrontés à l'autorité politique et à l'émotion cathodique, nous renonçons à nos libertés avec une incroyable docilité, nous abdiquons avec empressement, nous sommes zélés dans la lâcheté. Quel sera notre destin ? « Venait une si longue file de gens que je n'aurais pas cru que la mort en eût tant défait, décrit Dante Alighieri dans le chant III de son *Enfer*. [...] Aussitôt je compris et fus certain que ceci était la secte des lâches, qui déplaisent à Dieu et à ses ennemis. Ces minables, qui ne furent jamais vivants, étaient nus et attaqués sans cesse par des mouches et des guêpes. Elles baignaient leur visage de sang, qui, mêlé de larmes, tombait à leurs pieds, où une répugnante vermine le recueillait. »

L'individu occidental a renié l'*amor fati* nietzschéen, cet amour du destin qui permet d'avancer, fidèle à ses valeurs et à ses désirs, vers les imprévus de la vie. Nous avons abjuré le stoïcisme, qui nous enjoint de ne pas nous lamenter sur ce qui ne dépend pas de nous et

1. *Op. cit.*

d'accepter les fléaux de la nature avec une indifférence audacieuse, qui nous recommande aussi la mort pour sauver notre honneur ou défendre nos libertés. Nous ne suivons plus le précepte de Benjamin Constant, dans son *Cours de politique constitutionnelle* : « Mieux vaut s'habituer aux intempéries de l'air que de vivre dans un souterrain. » Au coup de sifflet, morts de trouille, nous avons regagné nos terriers. Nous avons pris notre carte de membre de la secte des lâches. Ce n'est pas là le moindre dégât du coronavirus.

Chapitre 7

La tyrannie dorée de la vie

« C'est ça la vie, mourir »

Dans l'une des saynètes géniales de *Jeux de massacre*, cette Bible théâtrale de l'épidémiologie lucide, Eugène Ionesco organise une *disputatio* entre une poignée de toubibs. On y trouve cet échange surréaliste :

QUATRIÈME DOCTEUR

Nous allons tous mourir, nous sommes tous en sursis.

CINQUIÈME DOCTEUR

Prouvez-le.

Et un peu plus loin, cette assertion :

DEUXIÈME DOCTEUR

Les gens qui meurent sont de mauvais citoyens.

Interdiction de mourir, pour ne pas gêner le gouvernement ! Défense de vivre, pour que tout le monde vive ! C'est de cela, au bout du compte, que nous sommes victimes, de cette tyrannie qu'exerce la vie sur les vivants. Survivre, durer, vivre *a minima*, c'est-à-dire respirer (réservons nos places en réanimation !) et manger (ruons-nous dans les supermarchés, ces vendeurs de produits « essentiels » !). Nous sommes devenus les disciples, les esclaves des « pénates », ces dieux du garde-manger dans la Rome antique. Le philosophe italien Giorgio Agamben en dresse le constat affligé : « Notre société ne croit plus en rien sinon en la vie nue. Il est clair maintenant que les Italiens sont disposés à tout sacrifier ou presque : leurs conditions normales de vie, leurs rapports sociaux, leur travail et jusque leurs amitiés, leurs affections ainsi que leurs convictions religieuses et politiques, pour ne pas tomber malades. La vie nue – et la peur de la perdre – n'est pas quelque chose qui unit les hommes, mais qui les aveugle et les sépare[1]. » Nouvel épisode de la guerre entre la *zoé* et le *bios* des Grecs anciens, entre l'existence et la vie ? Ou bien atterrissage final de l'être humain, plaçant le corps avant l'esprit, et soumettant toutes ses valeurs à la biologie ? Tel Harpagon flatté que Frosine lui promette qu'il passera les « six vingt », c'est-à-dire les cent vingt ans, nous voulons continuer, sans souci de ce qui remplira le temps gagné. Et nous

1. *Op. cit.*

rejetons la sagesse fataliste et joyeuse de Ionesco : « C'est ça la vie, mourir. »

Pourtant, les philosophes nous parlent de la condition humaine, et démontrent que la lutte pour la durée n'est pas une évolution souhaitable. Ainsi François Jullien, dans *Politique de la décoïncidence*[1] : « La vie, ce n'est pas prolonger l'état antérieur, le faire durer, en vue de le perpétuer, car celui-ci, en perdurant, se sclérose et tend à la mort. C'est se détacher de l'état antérieur pour en faire advenir constamment un nouveau. […] Une vie vivante, une vie risquée, s'ouvrant à l'inconnu, osée et aventurée. » Mais c'est aussi la leçon de Diego, le héros de *L'État de siège*, d'Albert Camus, celui qui fait reculer la Peste à Cadix, parce qu'il n'a pas peur de mourir pour ses idées : « Ma vie n'est rien. Ce qui compte, ce sont les raisons de ma vie. Je ne suis pas un chien. » Se confinant après avoir constitué des stocks de pâtée, les humains ont glissé vers le chien – même s'ils ont aussi empilé des stocks de papier toilette pour prouver qu'ils restaient dignes…

« L'enfer, c'est le corps »

La lutte contre la pandémie de Covid-19, par les mesures décrétées au sommet de l'État et surtout par l'assentiment collectif et l'exécution disciplinée qui les

1. L'Herne, 2020.

ont suivies, montre à quel point nous nous trompons sur ce que doit être une vie, à quel point nous avons reculé, en quelques décennies, traversant ce que Jean-Louis Bourlanges nomme « la résurgence d'une propension cathare jamais disparue à identifier la perfection humaine au refus de la vie et de ses impuretés[1] ». Oui, nous refusons la grande « Vie », c'est-à-dire l'accomplissement épanoui et toujours imparfait d'un destin, au risque des accidents et de la mort, au nom du culte de la petite « vie », à savoir la simple perpétuation, le plus longtemps possible, de notre organisme, le fonctionnement pépère d'un amas de cellules, loin des miasmes et des périls. Notre corps a pris le pouvoir, et impose ses exigences à notre esprit (qui aspire à la liberté), à notre conscience (qui pousse aux offensives courageuses, pas au repli dans des planques ni au « coucouche panier ») et à notre âme (qui n'a pas peur de la mort et espère la vie éternelle).

Le corps, voilà le maître, ce dictateur autoproclamé, ce Brutus qui nous détrône. Dans *Ce virus qui rend fou*[2], Bernard-Henri Lévy « talmudise » à propos d'un passage de la Bible qui promet l'enfer au « meilleur médecin ». Châtiment paradoxal dont il débusque le sens caché : « L'enfer, c'est le corps. Seulement le corps et le corps seul. L'enfer, c'est moi, c'est vous, c'est nous – mais en tant que nous sommes enfermés dans notre

1. *Op. cit.*
2. *Op. cit.*

corps, réduits à notre vie de corps, et que, sous l'empire du pouvoir médical, ou du pouvoir tout court s'emparant du pouvoir médical, ou de notre propre assujettissement aux deux, nous y consentons. »

Notre servitude volontaire trouve ses fers en nous, dans l'écoute abusive de notre corps. En temps de paix, cela donne un consumérisme ridicule qui engloutit des crèmes hydratantes, des biscottes bio et des heures de gainage. En temps de pandémie, cela nous réduit à un confinement piteux, cette abdication de ce que nous prétendons être au profit de ce que nous sommes devenus, des animaux poltrons. Nous sommes morts de peur de mourir d'autre chose.

Le syndrome Howard Hughes

Dans un long et passionnant article publié le 15 août 2020 par *Carta Academica*, Olivier Servais, professeur d'anthropologie à l'Université catholique de Louvain, et François Gemenne, chercheur à l'université de Liège, racontent le déclin terrible de Howard Hughes, hanté par sa terreur pathologique des microbes. Les dix dernières années de sa vie, il se confine, se cloître dans des palaces, conservant urine et excréments dans des bocaux. « Méconnaissable, concluent les auteurs, il ne pesait plus que quarante et un kilos quand il mourut dans l'avion qui l'emmenait à l'hôpital, à Houston. Seules ses empreintes digitales permirent l'identification formelle du cadavre. » Et ils s'interrogent sur les conséquences du confinement de toute une société : « La fin de vie de Howard Hughes risque bien d'être la pente douce vers laquelle nous mènerait une stratégie hygiéniste qui voudrait faire disparaître de nos vies virus, bactéries et champignons. Le risque zéro peut-il, doit-il être un objectif de santé publique ? Depuis le début de la crise pandémique, cette logique sanitariste a été amplifiée : on a privilégié un rapport au corps physique individuel comme corps vulnérable, au détriment de l'entretien d'un corps social activateur de liens. Ainsi, pour préserver la société, c'est-à-dire en fait le corps social, on demande aux citoyens de confiner leurs corps physiques, de les écarter loin des autres, et si possible de les enfermer. [...] Dans une société matérialiste où l'objectif ultime se révèle de plus en plus pour certains la lutte effrénée contre la mort, on en arrive vite à se couper de tous les autres pour sauver nos petits pénates existentiels. Car, pour sauver les corps physiques en les barricadant, nos gouvernants fragilisent le corps social. Ils délitent les liens en les virtualisant, ils imposent des distances qui créent de la vulnérabilité collective. L'intime, selon cette vision, c'est un mètre et demi. Cela entraîne évidemment une perte majeure de repères sociaux – qui vient s'ajouter à toute une série d'autres risques, y compris sanitaires. »

Le cercle vicieux est posé, mais les chercheurs belges voient d'abord la responsabilité des gouvernants, et négligent le désir profond des individus, leur responsabilité. La « logique sanitariste » est une démarche intime, elle est une requête démocratique, qui proclame le risque zéro comme un nouveau droit de l'Homme, en dévoyant le principe de précaution. Invoqué pour justifier l'ordre sanitaire, il n'est pas pertinent : si on laisse courir le virus et que des millions d'humains meurent, la planète ne s'en portera pas plus mal – les collapsologues antihumanistes affirment même qu'elle ira mieux ! Ce n'est pas le principe de précaution qui légitime le confinement, c'est l'hygiénisme. Il a « pris le dessus, entièrement, déplore Chantal Delsol. La seule référence qui reste après la faillite des idéologies, c'est ce que la philosophie contemporaine appelle, avec un grand nombre de variantes, la vie nue ». Mais elle aussi oublie d'en accuser chacun d'entre nous pour concentrer ses tirs sur le pouvoir : « Les gouvernements ne s'occupent plus que de protéger la vie biologique et la morale qui la sert. Aussi une épidémie devient-elle une affaire d'État, une "guerre", à vrai dire la seule qu'il soit important de conduire et de gagner, au détriment de tout le reste. [...] Le gouvernement se saisit de ce courant hygiéniste, le conforte sans cesse et lui offre des trompettes. [...] Il nous est interdit de placer quelque valeur ou principe avant la vie nue. Il faut pourtant que nous soyons bien malades pour nous imaginer que la valeur de la vie nue peut éclipser les raisons de vivre[1]. »

Ralliement à Camus, donc, mais Delsol se trompe d'accusé. Jamais la démocratie n'est aussi représentative

1. *Op. cit.*

que pendant l'épidémie : l'exécutif ne se saisit pas de l'hygiénisme, il est saisi par lui et par ses partisans, il est plébiscité par l'opinion pour ses mesures liberticides, et ne devient impopulaire que parce qu'elles apparaissent insuffisantes; les oppositions critiquent, mais elles n'avancent aucune prophylaxie alternative, parce qu'elles savent que les sondés les désapprouveraient. Bref, c'est presque à l'unanimité que nos libertés sont sacrifiées, car le spectacle quotidien des citoyens apeurés rentrant chez eux, attestation dûment téléchargée, a valeur de plébiscite. Le tyran est en nous, c'est par procuration qu'il prend le visage d'un président, d'un ministre ou d'un directeur général de la Santé.

« Le danger est le pays de l'avenir »

Rappelant comment François d'Assise « défie l'évidence rationnelle en descendant de son cheval pour embrasser un lépreux », Anastasia Colosimo s'effraie de l'abandon collectif, immédiat, de ce « sens supérieur de l'humanité, celui de la compassion désormais mis en péril sous l'effet conjugué d'une protection idolâtre de la vie et d'un rejet barbare de la mort. Quasiment divinisée, la primauté accordée à l'existence biologique semble appeler à écraser toute autre valeur[1] ». Nous étouffons en nous le François d'Assise qui veut embrasser les « covidés », au profit du Ponce Pilate hypocondriaque qui se lave sans cesse les mains...

1. *Op. cit.*

Chantal Delsol affirme qu'Emmanuel Macron « ignore que le danger est le pays de l'avenir et que, pour cette raison, il vaut mieux préférer le courage au calcul ». Mais c'est chacun d'entre nous, c'est l'habitant de l'Occident crépusculaire qui préfère le confinement hygiéniste, ce « quartier de haute sécurité » du présent, au danger, le « pays de l'avenir ».

Si nous nous trompons ainsi sur ce qu'est la vie, c'est que nous nous trompons sur la mort. La pandémie de Covid-19 est accompagnée d'une illusion d'optique qu'aucun commentaire, aucune référence historique ne peut dissiper. Celui qui relativise l'actuelle épidémie est un monstre cynique, un « tueur de vieux ». Pourtant, la maladie aura tué 50 000 personnes en neuf mois en France, où il en meurt 600 000 par an. Combien, parmi les premières, auraient fait partie des secondes, c'est-à-dire combien de victimes du coronavirus seraient de toute façon décédées en 2020, d'une autre pathologie, ou tout simplement de vieillesse ? André Comte-Sponville rappelle que le cancer tue chaque année 150 000 Français, dont plusieurs milliers d'enfants et d'adolescents : quelle mesure coercitive a été tentée pour diminuer ce fléau ? Le tabac tue 70 000 personnes par an, et la vente de cigarettes, « produits essentiels », s'est poursuivie pendant les confinements – l'État percevant ses taxes au passage... Enfin, ajoute Comte-Sponville, la malnutrition est la cause de 9 millions de décès annuels, dont 3 millions d'enfants, sans que les pays repus s'en émeuvent outre mesure.

Si l'on regarde derrière nous, il est facile de comparer les dégâts limités de la Covid-19 avec les 50 millions de morts de la grippe espagnole, en 1918-1919, ou avec la saignée de la Peste noire du XIVe siècle, qui tua un Européen sur trois et dépeupla tout un continent – la France ne retrouvant son niveau démographique de 1350 qu'en... 1650 ! La vérité historique installe l'actuelle pandémie au rang des fléaux mineurs, bien maîtrisés ; la vérité médiatique la place à un sommet de l'horreur, à cause de la loupe de l'émotion.

Se suicider pour ne pas mourir

Notre petite vie vaut plus que tous les morts de l'Histoire, et nous sommes persuadés que les cimetières ne sont pas pour nous, puisque tout risque peut être annihilé. Erreur funeste, qui aboutit à se suicider pour ne pas mourir : nous tuons en nous l'être humain pour donner plus de chances de durer à notre corps. Ce que démontrent Olivier Servais et François Gemenne : « À pousser à son paroxysme cette rhétorique du "risque zéro", cette hypertrophie hygiéniste, on réduit certes le risque de mort biologique, virale, mais on court le risque mortel d'une inhumanité en devenir. En effet, hors du risque de mort, point d'humanité : c'est celui-ci qui nous confère notre liberté et conditionne l'exercice de notre libre arbitre. Mais cette mort peut autant être biologique que sociale, individuelle que communautaire. Ne pas percevoir cette dialectique, ce serait en quelque sorte bâtir un second déni, le déni de l'humain comme être intrinsèquement collectif, être ne trouvant à exister et à se déployer qu'en société[1]. » C'est aussi ce que résume le philosophe Robert Redeker quand il écrit, définissant la « tyrannie grise » évoquée précédemment : « L'on se réclame de la vie, celle des plus âgés, pour empêcher la vie, celle des plus jeunes, de l'économie, de la culture, de la société[2]. » Vie contre vie : l'équation est d'apparence insoluble, le virus cause un *bug* dans notre logiciel contemporain.

La logique du risque zéro et de ses acolytes, l'hygiénisme et le confinement consenti, est la logique du désastre décrit par Nietzsche : humain, trop humain, puis plus humain du tout… « Vivre en société implique l'acceptation tacite d'un certain nombre de risques, concluent Servais et Gemenne. Nous abstraire des virus et des bactéries impliquerait de nous abstraire également de la société, comme Howard Hughes[3]. » Cela nous mènerait aussi à une humanité sans idéaux ni aucune transcendance, une humanité débarrassée de toute cause pour laquelle on soit capable de mourir – ou de tuer. Cela aussi, Curzio Malaparte le prédit en 1949, dans *La Peau* : « Jadis on endurait les souffrances les plus terribles, on tuait et on mourait, pour sauver son âme et celle des autres. Aujourd'hui on souffre et

1. *Carta Academica* du 15 août 2020.
2. *Op. cit.*
3. *Op. cit.*

on fait souffrir, on fait des choses merveilleuses et des choses terribles, non pour sauver son âme mais pour sauver sa peau. » La Covid-19 consacre le triomphe de la peau sur l'âme.

« Biopolitique »

Il est une autre conséquence de ce choix collectif du « survivre, quoi qu'il en coûte » : c'est le triomphe du « pan-médicalisme », comme l'appelle André Comte-Sponville. Le philosophe le définit ainsi : « Faire de la santé (et non plus de la justice, de l'amour ou de la liberté) la valeur suprême, ce qui revient à confier à la médecine, non seulement notre santé, ce qui est normal, mais la conduite de nos vies et de nos sociétés. Terrible erreur ! La médecine est une grande chose, mais qui ne saurait tenir lieu de politique, de morale, ni de spiritualité. » Cette alerte est celle de Michel Foucault, quand il invente, en octobre 1974, lors d'une conférence donnée à l'Institut de médecine sociale de l'université de Rio, le concept de « biopolitique » : « Le contrôle de la société sur les individus ne s'effectue pas seulement par la conscience ou par l'idéologie, mais aussi dans le corps et avec le corps. Pour la société capitaliste, c'est la biopolitique qui importait avant tout, le biologique, le somatique, le corporel. Le corps est une réalité biopolitique ; la médecine est une stratégie biopolitique. [...] La médecine, c'est un savoir-pouvoir qui porte à la fois sur le corps et sur la population, sur l'organisme et sur les processus biologiques, et qui va donc avoir des effets disciplinaires et des effets régularisateurs. » Mais Foucault en déduit très vite que cette « biopolitique » instaure « le gouvernement de soi par soi » : ce n'est donc pas vers le pouvoir politique que l'individu confiné doit se tourner pour protester, ni même vers son associé, à la fois maître et valet, à savoir le pouvoir médical, mais bel et bien vers soi-même.

Cette dispute philosophique – et c'est là que nous mènent nos reniements face au virus – aboutit à chercher une nouvelle définition de la vie. Peut-être la réponse est-elle du côté du philosophe Michel Henry, qui juxtapose la vie biologique et la vie phénoménologique, l'agitation organique évidente et l'indicible affect qui nous saisit à chaque instant de notre condition d'être vivant. « Notre corps, écrit Henry dans *Incarnation. Une philosophie de la chair*[1], nous propose l'expérience cruciale en laquelle est attestée de façon décisive la dualité de l'apparaître. Celle-ci nous permet seule de comprendre comment le corps est en effet une réalité double, se manifestant de l'extérieur, dans le hors de soi du monde, intérieurement vécue par nous d'autre part, dans l'autorévélation pathétique de la vie. » Si le confinement peut avoir une utilité pour nous, pauvres humains, lâches et reclus, égoïstes et hypocondriaques, c'est de nous confronter, une bonne fois pour toutes, à « l'autorévélation pathétique de la vie ».

---

1. Seuil, 2000.

Conclusion

« Santé, Sécurité, Égalité »

Leçons de la *Mitteleuropa*

L'homme qui a imaginé le coronavirus a aussi inventé les robots. Il s'appelle Karel Čapek, il est tchèque, et son métier est d'écrire des pièces de théâtre, toutes consacrées à l'anticipation. En 1921, il rédige *Les Robots universels de Rossum*, au succès immédiat à travers la planète. C'est son frère Josef qui lui a conseillé le mot « robot », tiré du tchèque *robota*, « corvée », pour remplacer l'*automaton* présenté dans une pièce précédente. Dépourvus de sensibilité, mais non d'intelligence, voués aux tâches ingrates, les robots s'insurgent et anéantissent l'humanité. La pièce est créée en France le 26 mars 1924, à la Comédie des Champs-Élysées. Et l'un des rôles est tenu par Antonin Artaud... En 1937, Karel Čapek écrit *Bila Nemoc, La Maladie blanche*, qui raconte comment une lèpre mystérieuse ravage l'Occident. Le virus vient de Chine, et frappe seulement les plus de quarante-cinq ans... Karel Čapek a vu venir le coronavirus avec quatre-vingt-trois ans d'avance. Dans sa pièce, le professeur Sigelius, mandarin de l'hôpital national, décrit ainsi la maladie à un journaliste :

LE PROFESSEUR SIGELIUS

> Hélas, trop de choses sont écrites à ce sujet. Et de manière fort peu scientifique. Laissez la médecine aux médecins. Si vous parlez de la maladie blanche dans les journaux, vos lecteurs vont en découvrir aussitôt sur leur corps tous les symptômes. Jusqu'à présent, notre science est impuissante. Écrivez que les gens doivent s'adresser en confiance à leur médecin s'ils ont un doute. Il leur prescrira des onguents. Nous ne connaissons pas ce virus, nous savons seulement qu'il se répand à grande vitesse et qu'il ne peut contaminer un être humain jeune. La maladie blanche ne touche que les sujets qui ont au-dessus de quarante-cinq ou cinquante ans, et semblent présenter un terrain favorable à cause des évolutions métaboliques liées au vieillissement. Nous nous battons, mais sans connaître l'ennemi. Nous avons publié de nombreux articles, largement cités dans les revues médicales, sur cette lèpre de Pékin. Bien sûr, nous ne l'appelons pas comme cela. La lèpre est une maladie de la peau alors que notre maladie est strictement interne. Nous la nommons « maladie de Tcheng », ou

morbus Tchengi, car c'est le professeur Tcheng, élève de Charcot, qui l'a repérée dans un hôpital de Pékin, en 1923, à l'époque où personne ne pensait que cela deviendrait une pandémie. [...] Oui, en Chine, presque tous les ans, on voit apparaître une maladie inconnue – c'est la pauvreté qui veut ça. Mais aucune ne s'était encore imposée comme le *morbus Tchengi*. C'est vraiment la maladie à la mode. On dénombre douze millions de cas à travers le monde, et cinq millions de personnes en ont déjà péri. Le premier cas en Europe a été enregistré dans ma clinique, vous pouvez l'écrire. [...] Tout homme au-dessus de quarante ans va y passer. C'est encore confidentiel, mais un arrêté va bientôt ordonner le confinement des malades. Tout contaminé sera interné dans un camp surveillé...

LE JOURNALISTE

Où il mourra lentement...

LE PROFESSEUR SIGELIUS

Oui, mais sous surveillance médicale. Chaque malade transmet l'épidémie : nous devons en protéger les autres. Celui qui tentera de s'évader du camp sera abattu. Tout citoyen de plus de quarante ans sera soumis chaque mois à un test de dépistage. L'épidémie sera écrasée par la force. C'est la seule défense efficace.[1]

1. Éditions de la Différence, 2011.

Il semble bien que ce professeur Sigelius aurait toute sa place sur les plateaux de télévision d'aujourd'hui… Dans *Bila Nemoc*, un autre médecin, le docteur Galen, voué aux pauvres, trouve le remède contre le *morbus Tchengi*, mais il ne l'administre qu'aux indigents, et exige, pour soigner les plus riches, que le Maréchal qui dirige le pays, ainsi que son allié Krug, le principal marchand d'armes, stoppent l'escalade guerrière qui s'est amorcée et décrètent la paix universelle. Krug tombe malade, puis le Maréchal, qui se range alors à l'avis de Galen. Mais quand ce dernier arrive au palais présidentiel avec son remède, il tombe sur une foule belliciste qui le considère comme un traître, puisqu'il leur annonce que les hostilités vont cesser. Le voici lynché par les partisans du Maréchal, qui brisent les éprouvettes contenant l'élixir… Rien n'arrêtera plus la guerre mondiale. Pour Karel Čapek, la « maladie blanche » est, bien sûr, une métaphore de la « peste brune » qui s'étend sur l'Europe. La pièce est créée en 1937 à Prague, où se tourne très vite un film qui en est adapté. Le jour de Noël 1938, Karel Čapek meurt d'une pneumonie, deux mois après les accords de Munich qui ont amputé son pays des Sudètes et trois mois avant l'invasion du reste de la Tchécoslovaquie par les nazis. Son frère Josef, interné en camp de concentration dès le printemps de 1939, meurt à Bergen-Belsen en avril 1945, peu avant la libération du site, sans doute victime d'une autre épidémie, le typhus, qui y emporte aussi Anne Frank…

Art divinatoire, le théâtre permet d'éclairer l'avenir en brûlant un peu de mémoire. Il est troublant de constater qu'un homme au tel destin a pressenti, sans le savoir, ce que le monde allait vivre près d'un siècle plus tard. Čapek le visionnaire, inscrivant la défense des libertés dans une pièce sur une épidémie, nous met en garde. Bien sûr, l'histoire ne se répète pas, et aucun nazi ne sortira des éprouvettes bourrées de coronavirus, ni même de la crise économique provoquée par la lutte contre l'épidémie. Mais ce que nous dit *Bila Nemoc*, c'est qu'il est indispensable de pratiquer une hygiène démocratique, une prophylaxie de l'oppression. Sans cette vigilance de tous les instants, la maladie liberticide survient ; non de l'extérieur, comme un animal féroce, mais à l'intérieur de chacun d'entre nous.

Le docteur Galen, imaginé par Karel Čapek en pensant à Galien, médecin grec du IIe siècle, a bel et bien existé, au XIXe siècle. Prussien, l'hygiéniste Rudolf Virchow s'engage en politique et s'oppose aux visées de Bismarck, en vain. En 1869, il demande la diminution des budgets d'armement de la Confédération d'Allemagne du Nord, prône le désarmement général et le recours aux arbitrages internationaux en cas de conflit. Il est aussi un militant, comme Victor Hugo, des États-Unis d'Europe. Virchow, qui considère que la politique est une sorte de médecine « en grand », œuvre toute sa vie à empêcher les épidémies par l'assainissement et la collecte des eaux usées. Bernard-Henri Lévy, dans

Ce virus qui rend fou[1], rapporte un de ses propos, qui doit nous servir de guide pour comprendre ce qui nous arrive, et empêcher ce que cela pourrait entraîner de pire. Virchow déclare : « Une épidémie est un phénomène social qui comporte quelques aspects médicaux. » Čapek-Virchow : ce duo très *Mitteleuropa* nous parle de la Covid-19 et de ses conséquences.

Les bunkers plutôt que l'Agora

Que voyons-nous, derrière les tuyaux enchevêtrés des respirateurs ? Quel humain est entré en mutation sous nos masques de papier ? Quelle voix se fait entendre par-delà le râle des mourants, la plainte des soignants et les soupirs des peuples confinés ? Une épidémie, lente et âpre comme celle que nous traversons, disloque notre psychologie collective et désoriente les individus. Elias Canetti le détaille dans *Masse et Puissance*, en 1960 : « De tous les malheurs dont l'humanité a été affligée de tous temps, les grandes épidémies ont laissé un souvenir particulièrement vivace. Elles éclatent avec la soudaineté de catastrophes naturelles, mais, alors qu'un tremblement de terre s'achève après quelques brèves secousses, l'épidémie a une durée qui peut s'étendre sur des mois ou même sur une année. Le tremblement de terre atteint d'un seul coup le sommet de l'horreur, ses victimes périssent toutes à la fois. Une épidémie de peste agit au contraire par *sommation* :

1. *Op. cit.*

au début quelques-uns seulement sont pris, puis les cas augmentent; on voit des morts partout, bientôt on en voit rassemblés plus que des vivants. Il se peut que le résultat de l'épidémie soit finalement identique à celui d'un tremblement de terre. Mais les gens sont *témoins* de la grande mort, elle se joue et s'accroît sous leurs yeux. C'est comme s'ils participaient à une bataille qui dure plus longtemps que toutes les batailles connues. Mais l'ennemi est dissimulé, on ne peut le voir ni le rencontrer nulle part. On se contente d'attendre d'en être touché. » Nous avons été surpris, tous, par la « sommation » du virus, puis par celles des gouvernements acharnés à une défense passive. Nous nous sommes rendus à ces premières sommations. Avec célérité, discipline, et persuadés que la force était dans son droit, que tout cela était pour notre bien, dans notre intérêt. C'est ce qui fait tenir au philosophe François Jullien ce propos terrible : « C'est en voyant cette France-là que j'ai compris la capitulation de mai 40[1]. »

Avons-nous capitulé ? Entre terrorisme et pandémie, faut-il s'alarmer, avec Giorgio Agamben, de cette « tendance grandissante à utiliser l'état d'exception comme un paradigme normal de gouvernement[2] » ? Faut-il craindre la prophétie de Yuval Noah Harari : « À long terme, on ne retiendra pas de la Covid la maladie, mais l'avènement de la tutelle biométrique : de la

1. *Le Figaro* du 5 novembre 2020.
2. *Op. cit.*

surveillance “au-dessus de la peau” (où vous allez, ce que vous achetez, ce que vous lisez) à la surveillance “sous la peau”. Votre température, votre pression sanguine, vos défenses immunitaires[1]… » ? Glaçant futur, aussi terrible que le passé auquel Henri Guaino compare la situation : « Afin de protéger les Français, le gouvernement a opté pour une mise entre parenthèses des libertés fondamentales, dont je ne vois d'équivalent dans notre Histoire que dans la dictature du Comité de salut public et la Loi des suspects, en 1793, et sous l'Occupation[2]. » La comparaison est tentante, en effet, mais c'est oublier qu'en 1940, Vichy s'était rangé du côté du virus – le nazisme – et qu'en 1793, la Terreur *était* le virus !

En 2020, les citoyens s'expriment contre les gouvernants impotents face au virus, ils protestent contre la fermeture de leurs commerces ou l'interdiction de leurs rassemblements. La tension démocratique est là, parfois malsaine, comme s'en inquiète Marcel Gauchet : « Nous avons été témoins de la tentation des gouvernants de s'abriter derrière l'autorité des scientifiques comme de la tentation des citoyens d'en appeler au juge pour sanctionner les gouvernants. Deux tentations à écarter. Les gouvernants ont la fonction irremplaçable de décider pour l'ensemble, et la sanction de leurs actions ne peut se trouver que dans le

1. *Libération* du 5 novembre 2020.
2. *Le Figaro* du 9 novembre 2020.

suffrage des citoyens. La crise n'aura pas été pour rien si elle permet de redonner de la clarté aux rôles et aux responsabilités des uns et des autres[1]. » En effet, les dirigeants n'ont pas osé affronter la vérité, reconnaître leur impréparation et leurs erreurs ; ils n'ont pas osé assumer leurs responsabilités et courir le risque de la sanction politique ; ils n'ont pas résisté à la tentation de s'abriter derrière les médecins. Et, en effet, les électeurs n'ont pas eu le courage de défier les ordres dans la rue, ni la patience d'attendre de voter pour punir, ils ont préféré la vindicte procédurière, qui ne leur a pas semblé incompatible avec leur obéissance moutonnière. Cette épidémie a aggravé encore un peu notre crise démocratique, où plus aucune décision ne semble se prendre sous le régime de la confiance. Il fallait monter sur l'Agora, nous sommes descendus dans des bunkers.

Du bon citoyen au non-citoyen

Au nom de l'efficacité sanitaire, nous pouvons nous féliciter de l'obéissance partagée, même si elle est née d'une stupéfaction orchestrée, en aggravant la perception des dégâts causés. Mais nous devons reconnaître que le civisme a engendré la soumission, que la santé a écrasé la liberté – et ce n'est pas anodin. Depuis le surgissement du coronavirus, être un bon citoyen s'apparente à être un non-citoyen. Otages de la peur, esclaves de la survie, nous avons sacrifié nos libertés sans hésiter,

1. *Op. cit.*

sans réfléchir, sans négocier. Citant Emmanuel Kant et son « usage public de la raison », le philosophe marxiste Slavoj Žižek décrète, au détour d'une page de *Dans la tempête virale*[1] : « Obéissez, mais réfléchissez, maintenez la liberté de pensée ! » Peut-être avons-nous au moins sauvé cela – et il serait cocasse d'être guidé par Kant !

Liberté, santé, prospérité : face à la pandémie de Covid-19, les pays n'ont pu préserver que deux sur trois de ces privilèges. Les pays d'Asie ont renoncé à la liberté, ils ont endigué la maladie et préservé leurs forces de production. Les États-Unis n'ont pas voulu entraver la liberté des citoyens, l'économie a donc pu continuer tant bien que mal, hormis quelques secteurs, mais le nombre de victimes est colossal. La Suède a parié sur la responsabilité pour ne pas brider les libertés, l'économie a tenu, mais le coût sanitaire est plus lourd que chez ses voisins, qui ont confiné durement. La France, pusillanime et velléitaire, a attenté aux libertés, paie un prix économique élevé et n'a pas bien protégé la santé de ses habitants. À ne pas choisir clairement, elle a réussi à perdre sur les trois tableaux.

Quand Thucydide détaille, dans le second livre de son *Histoire de la guerre du Péloponnèse*, les ravages de la peste (en fait, sans doute le typhus) à Athènes, entre 430 et 426 avant notre ère, il insiste sur la dérégulation sociale que provoque l'épidémie : « La maladie

1. Actes Sud, 2020.

déclencha également dans la ville d'autres désordres plus graves. Chacun se livra à la poursuite du plaisir avec une audace qu'il cachait auparavant. À la vue de ces brusques changements, des riches qui mouraient subitement et des pauvres qui s'enrichissaient tout à coup des biens des morts, on chercha les profits et les jouissances rapides, puisque la vie et les richesses étaient également éphémères. Nul ne montrait d'empressement à atteindre avec quelque peine un but honnête, car on ne savait pas si on vivrait assez pour y parvenir. Le plaisir et tous les moyens pour l'atteindre, voilà ce qu'on jugeait beau et utile. Nul n'était retenu ni par la crainte des dieux, ni par les lois humaines ; on ne faisait pas plus de cas de la piété que de l'impiété, depuis que l'on voyait tout le monde périr indistinctement ; de plus, on ne pensait pas vivre assez longtemps pour avoir à rendre compte de ses fautes. Ce qui importait bien davantage, c'était l'arrêt déjà rendu et menaçant ; avant de le subir, mieux valait tirer de la vie quelque jouissance. » La conséquence de cette anomie est terrible pour la capitale de l'Attique : son stratège, Périclès, est emporté par l'épidémie en 429, puis Sparte gagne la guerre du Péloponnèse, les démagogues prennent le pouvoir en 403 et, finalement, le Macédonien Philippe II, père d'Alexandre le Grand, met à bas pour toujours la domination d'Athènes, en 338.

On voit que la chute de la grande cité, et donc la fin de la démocratie, est provoquée par le non-respect des lois à cause de l'épidémie ; aujourd'hui, c'est l'excès de respect des lois qui caractérise notre confrontation au virus. La ligue de Délos est victime d'un retour à l'état sauvage, l'Europe actuelle s'abandonne à un excès de domestication. C'est une grande première dans notre Histoire. Abolition de tout ce qui est dangereux, notamment les baisers, les accolades et les poignées de main. Les pestiférés finissaient sur des bûchers, nous préférons nous congeler.

Le principe du « risque calculé »

Le pire est peut-être devant nous. Non seulement le virus n'a pas dit son dernier mot, non seulement d'autres viendront à sa suite, qui tueront peut-être les enfants d'abord, mais quand bien même nous tournerions bientôt la page de l'épidémie, il nous faudra réparer tout ce que nous avons cassé dans l'économie et la société pour sauver avec une empathie impérative quelques centaines de milliers de vies. Aujourd'hui, nous comptons les malades et pleurons les défunts, mais un jour viendra où, regardant derrière nous, nous verrons les ruines de notre prospérité et les cadavres de nos libertés. Nous avons préféré des morts dans le futur à des morts aujourd'hui ; et, surtout, nous avons préféré des morts invisibles à des morts visibles, des morts de statistiques démographiques à des morts de chaînes d'information.

Le pire est peut-être devant nous, et c'est nous qui l'y aurons projeté. « Nous sommes d'avis que les coûts sociaux de cette entreprise sont infiniment supérieurs aux bénéfices sanitaires que nous pourrions en escompter, affirment les savants belges Olivier Servais et François Gemenne face aux mesures prises contre la Covid-19. Nous sommes d'avis que le risque zéro est une chimère destructrice, et qu'il faut nous résoudre à accepter que le virus continue à circuler dans la société, de façon minime et calculée. Pourtant, la situation actuelle nous fait courir un autre risque : celui d'un effondrement sociétal à plus long terme, faute de fondement ou de sens. Sans perspective politique ni consensus social qui guident les choix, cette société du risque zéro est concomitante de cette aseptisation biologique ou sociale qui se déploie dans la gestion de la Covid-19. Ne plus risquer, c'est une illusion du consensus[1]. »

À aucun moment, les citoyens des démocraties occidentales n'ont débattu du « danger acceptable », du niveau de risque qu'ils sont prêts à affronter. Ce principe du « risque calculé », et non du risque zéro, doit pourtant guider la gouvernance moderne des peuples développés. Mais personne n'a le courage d'établir le calcul, de le griffonner simplement en un manifeste politique pour le soumettre aux électeurs. Les citoyens continuent d'exiger un risque zéro que les dirigeants continuent de leur promettre et qui n'existe pas, sauf à abolir l'humanisme et à pousser le totalitarisme jusqu'à

1. *Op. cit.*

l'intime. Alors que ce marché de dupes se poursuit, les gouvernants, avec l'assentiment des gouvernés, culpabilisent, contrôlent et verbalisent. Distribuer toujours plus d'amendes pour défaut d'attestation semble aussi important que de créer des lits de réanimation – si, au moins, les premières finançaient les seconds !

« Nous ne vivrons plus après comme nous vivions avant », conclut le philosophe Robert Redeker, et ce n'est pas pour lui l'annonce du « monde d'après », irénique, qu'invoquent les incantations écologistes. « Nos façons d'être avec les autres auront été profondément transformées, ne serait-ce que parce que l'on nous aura fait faire l'expérience déshumanisante de la peur du prochain, la peur moléculaire[1]. » Comment apprendre à embrasser sans penser au virus, à se toucher sans songer au gel hydroalcoolique ? Comment ne plus voir en l'autre le missile porteur d'une charge virale, le messager de la mort, un tueur qui s'ignore ? La réconciliation sera le véritable déconfinement – elle est loin d'être acquise.

Ne gravons pas, aux frontons de nos mairies, une nouvelle devise de la République : « Santé, Sécurité, Égalité ». Une fois sortis de l'épidémie, méditons sur cette peur qui nous aura happés de longs mois, et convaincus de mettre en péril tous les possibles au nom de l'acquis, et de livrer l'avenir en otage au présent.

1. *Op. cit.*

« L'Histoire est une suite de mensonges sur lesquels on s'est mis d'accord », philosophait Napoléon Bonaparte. Cessons de nous mentir, cessons de laisser mentir ceux qui nous dirigent et ceux qui affirment savoir. Retrouvons chez Molière le courage d'assumer l'ignorance, chez Montaigne l'art de défier la mort et chez Camus la force de périr pour la liberté. Ces auteurs sont les meilleurs docteurs pour la France éternelle, et leurs pensées sont le seul vaccin contre la servitude volontaire.

Remerciements

Merci à Alexis Lacroix, pour m'avoir commandé neuf chroniques sur « Théâtre et Épidémie », diffusées sur Radio J pendant le premier confinement.
Merci à Philippe Tesson, pour m'avoir demandé sur le même sujet une pièce, *Le Grand Théâtre de l'Épidémie*, jouée en son Théâtre de Poche Montparnasse, du 8 septembre 2020 au 24 janvier 2021.
Merci à mes trois camarades de scène, Sylvain Katan, Frédéric Lecat et Pierre Val, pour m'avoir accompagné en cette aventure.
Merci à Isabelle Saporta, pour m'avoir convaincu qu'un essai se cachait derrière cette pièce, et pour en avoir été l'attentive et attentionnée éditrice.
Merci à Sophie de Closets, pour me laisser poser mes mots en sa maison d'édition comme sur une grille de Scrabble.
Enfin, 75 000 mercis à mon épouse Pauline, pour son soutien tout au long de ce travail.

Table des matières

Introduction. « Ce monde qui se suicide sans s'en apercevoir ».. 11

Chapitre 1. La tyrannie pâle du pouvoir............ 35
Chapitre 2. La tyrannie noire de la statistique..... 67
Chapitre 3. La tyrannie brune des populistes...... 83
Chapitre 4. La tyrannie blanche des médecins.... 107
Chapitre 5. La tyrannie grise des *baby-boomers*... 127
Chapitre 6. La tyrannie bleue de la trouille......... 149
Chapitre 7. La tyrannie dorée de la vie 163

Conclusion. « Santé, Sécurité, Égalité » 177

DU MÊME AUTEUR

Les Perdants magnifiques, Tallandier (collectif), 2020
Le Grand Théâtre de l'épidémie, Avant-scène Théâtre, 2020
À nos héros du quotidien, Signe (collectif), 2020
Choses vues, d'après Victor Hugo, Avant-scène Théâtre, 2020
Macron sous les masques, Éditions de l'Observatoire, 2019
Le Monde selon Sacha Guitry, Tallandier, 2018
La Citadelle assiégée, avec J.M. Martí Font, Plon, 2018
La République des traîtres, Tallandier (collectif), 2018
Le Tour du théâtre en 80 minutes, Avant-scène Théâtre, 2018
Les Derniers Jours de la gauche, Flammarion, 2017
Deux présidents pour rien, Presses de la Cité, 2017
Dictionnaire amoureux du théâtre, Plon, 2015
Rêvons !, avec Marc Jolivet, Flammarion, 2013
Maquillages. Les politiques sans fard, Grasset, 2012
Fantaisies mythologiques, Avant-scène Théâtre (collectif), 2011
L'Express. 60 ans à la une, Éditions de la Martinière, 2011
Les Nouveaux Caractères, Avant-scène Théâtre (collectif), 2007
La Saga Sarkozy, Éditions L'Express, 2007
Fantaisies microcosmiques, Avant-scène Théâtre (collectif), 2004
La guerre de l'Élysée n'aura pas lieu, Grasset, 2001
La Comédie des orphelins, Grasset, 2000
Les Derniers Jours de François Mitterrand, Grasset, 1997

Photocomposition Belle Page

Cet ouvrage a été imprimé en France par
CPI Brodard & Taupin
Avenue Rhin et Danube
72200 La Flèche (France)

pour le compte des Éditions Fayard
en janvier 2021

PAPIER À BASE DE FIBRES CERTIFIÉES

Fayard s'engage pour l'environnement en réduisant l'empreinte carbone de ses livres.
Celle de cet exemplaire est de :
0,400 kg éq. CO_2
Rendez-vous sur www.fayard-durable.fr

N° d'édition : 29-6397-1/01 - N° d'impression : 3041280